내 안의 나

내 안의 나 : 참나찾기의 마지막 여정

2019년 10월 21일 초판 1쇄 발행
2024년 12월 25일 초판 8쇄 발행

지은이 조셉 베너

옮긴이 유영일

펴낸곳 올리브나무 출판등록 제2002-000042호

  경기도 고양시 일산동구 정발산로 82번길 10, 705-101
  전화 031-905-8469, 010-7755-2261
  팩스 031-629-6983   E메일 yoyoyi91@naver.com
  인스타그램 olive.tree.books

발행인 유영일

ISBN 978-89-93620-83-2 03180

값 12,000원

내 안의 나

참나찾기의 마지막 여정

조셉 베너 / 유영일 옮김

올리브
나무

이 메시지 속에 살아 숨쉬는 심오한 진리를 더욱 생생하게 이해하려면, 고요하고 열린 마음이 무엇보다 우선되어야 할 것입니다. 지적인 잣대로 이리저리 판단하려는 마음을 잠재우고, 고귀한 말씀 앞에 당신의 '영혼'을 초대하십시오. 한 문장씩 천천히 음미하면서 읽어야 합니다. 당신의 내면에 어떤 울림이 있을 때까지는, 그래서 그 의미가 선연하게 모습을 드러낼 때까지는, 다음 문장으로 넘어가지 않는 것이 좋습니다.

그렇게 음미하면서 읽어나가다 보면, 메시지 전체에 걸쳐서 나타나는 '나'란, 당신 자신의 내면에 있는 '영혼'이요, 당신의 에고를 넘어서 있는 '큰 나'요, '진정한 당신 자신'을 가리킨다는 것이 더 분명해지고, 더 큰 울림으로 메아리 칠 것입니다. 진리를 속삭여 주는 행간과 행간 사이에서, 그것이 가져다주는 자유와 풍요로움 속에서, 오래오래 머무르고 싶어질지도 모릅니다.

언젠가 에고를 넘어서 있는 '큰 나'를 당신도 만난 적이 있을 것입니다. 마음이 고요해지는 순간이면 오롯이 드러나는 '더 큰 나'는, 나의 약점과 실수, 어리석음 들을 가리켜 보이며, 이상의 푯대를 세우도록 부추기고, 내면의 응시를 게을리하지 않도록 응원해 줍니다.

이 메시지도 그러한 고요의 순간에 받아 적은 것입니다. '영혼'이 길을 안내해 줄 것을 염원하고, 사랑하는 아버지를 섬길 기회를 갖기를 열망했던 몇 개월 동안에 들려온 말씀을 받아 적은 것입니다. 언제 어디에나 계시는 사랑의 아버지는, 자신의 삶 속에, 자신의 가슴 속에, 당신을 첫번째 자리에 놓는 당신의 자녀들에게는 언제나 은총을 내릴 준비가 되어 있습니다.

그렇게 해서 받아 적은 말씀들이 이제 당신의 눈길을 기다리고 있습니다. 지혜와 사랑으로 가득 찬 그 가르침은 개성을 덧입은 우리 모두에게 두루 통용되는 흔치 않은 것이기에, 받아들일 준비가 되어 있는 사람이라면 누구에게나 경이롭고도 한없이 낯익은 사랑의 세계를 펼쳐 보여주리라 믿습니다.

당신이 받아들일 준비만 되어 있다면, 이 메시지에서 말하는 '위대한 나'는 이 책을 내려놓은 이후에도 당신에게 직접 말을 걸 것입니다. 그리하여 깊은 내면에서 우러나오는 충실함과 확신 속에서 당신이 안고 있는 모든 문제를 밝혀 줄 것이고, 지혜와 힘의 원천이 되어 줄 것이며, 평화와 행복과 자유를 안겨주어, 당신이 진정 열망하는 풍요로운 삶을 구가하게 해줄 것입니다.

이것이야말로 이 메시지를 받아들일 준비가 되어 있는 사람이 누릴 수 있는 위대한 은총입니다.

　이 작은 책자가, 신이 주신 기쁨 안으로, 시간도 공간도 없는 영원한 사랑의 나라 안으로 들어갈 수 있는 통로가 되고 열린 문이 되어 주기를 바라는 마음 간절합니다.

발행인

이 영감어린 메시지를 세상에 전하는 데에 통로가 되었던 사랑스러운 영혼은, 3년 전 세상을 떠났습니다. 온갖 거짓과 위선으로 덧칠된 개성을 벗어야 한다고 역설하던 그가, 진정으로 '개성의 몸'을 초월한 세계로 들어선 것입니다.

그가 늘 말해 왔던 '내면의 신'에 대한 사랑과 감사의 마음으로, 이 열세 번째 판을 저자에게 바칩니다. 그는 이 메시지가 사람들을 흔들어 깨워 자신들의 '참자아'에, '내면의 신성'에 눈을 떠 주기를 열망했습니다. '나를 뛰어넘은 진정한 나', '내면의 신성' 안에서 메시지를 듣고 받아들여 온 사람들의 이름으로 삼가 이 책을 바칩니다.

이 책이 판을 거듭하며 사랑을 받아온 것은, 이 책을 신이 주신 사랑의 선물로 받아들이고, '진정한 나'를 찾고 탐구해 온 여러 벗들이 있었기 때문입니다. 자신들의 삶 속에서 신의 왕국을 첫번째 자리에 두고자 애써 온 그들은, 이 메시지를 통해서 영감을 받아왔다

고 한결같이 입을 모으며, 다른 이들에게도 이 메시지의 진실을
알리고 싶어 합니다.

저자가 세상을 뜰 당시, 아버지의 유고를 정리하던 그분의
딸은 낡고 오래된 바랑 속에서 두 장의 편지를 발견했습니다.
이 편지들은 메시지의 원천이 되어 주었던 '영혼'에 대한 성실성과
헌신을 고스란히 드러내 보여줍니다. 이 책을 소유한 모든 이들에
게 소중하게 간직되기를 바라는 마음으로, 기념판에 이 편지들을
추가합니다.

나아가 그의 노트를 자세히 검토하던 중, 미래의 독자들을 염두에
두고 쓴 것이 아닌가 싶은 쪽지들이 발견되었습니다. 그 시기가
지금이 아닌가 싶어, 우리는 그 내용을 이 판에 반영하기로 했습니
다. 큰 흐름이 바뀌는 것은 아니지만, 명확하지 않았던 점을 더
분명하게 해주리라고 믿습니다.

'내 안의 나'를 전하기 위해 기꺼이 도구가 되어 주었던 그분의
헌신 덕택에, 우리 모두는 '작은 나'를 죽이고 '큰 나'를 살리는
길을 알게 되었습니다. 그분의 뜻을 기리며 깊은 겸손과 감사의
마음으로 이 새로운 13판을 여러분께 바칩니다.

1944. 11. 1.

발행인

차 례

1. 나는 누구인가?

I AM

이 글을 읽는 그대에게 말하노니,

오랜 세월 동안 이리 치닫고 저리 내닫으며 진리와 자유와 행복과 신을 찾아 헤맨 그대에게,

책들과 여러 가르침 속을 헤매고, 철학과 종교를 전전하며, 참다운 길을 찾기 위해 애써 온 그대에게,

이젠 희망마저 잃어버려 지친 영혼의 그대에게,

섬광처럼 번뜩이는 '진리'의 조각들을 몇 번인가 만나긴 했지만, 그것을 따라가 붙잡으려 할 때마다 마치 사막의 신기루처럼 멀어져 버리는 경험을 한 그대에게,

어떤 모임이나 종교 단체의 지도자인 스승을 만나 그가 설파하는 지혜의 말씀이나 업적에 감동을 받고, 그분 안에는 진리가 넘쳐흐른다고 생각했지만, 나중에 눈을 떠 보니 그는 단지 그대와 마찬가지로 온갖 실수와 잘못을 범하는 한 인간에 불과했다고

실망한 경험이 있는 그대에게,

그의 가르침은 아름답고 그럴듯하지만 결국은 진리를 말하는 통로에 불과하고 약점 많은 한 인격체에 지나지 않았다고 고개를 젓는 그대에게,

그리하여 이제는 지치고 허기진, 그리고 어디를 향해야 할지를 알지 못하는 영혼인 그대에게,

그런 그대에게, 마침내 '또 하나의 내가' 다가간다.

영혼 안에서, '진리'의 현존을 느끼기 시작한 그대에게도,

지금껏 내면에서 느꼈던 그 '진리'를 겉으로 표현하고자 끙끙 앓아 왔지만, 이젠 정말 확신을 얻고 싶다고 갈망하는 그대에게도,

그렇다, 진정한 '생명의 양식'을 갈구하는 그대들 모두에게, '또 하나의 내가' 다가간다.

나와 함께할 준비가 되었는가?

만약 그렇다면, 오랜 잠에서 깨어나도록 하라. 정신을 차리고 일어나 앉으라. 그대의 인간적인 마음을 고요하게 하고, 내 말에 귀 기울이라. 그렇게 하지 않는다면 다시 한 번 절망의 나락으로 떨어져 내면의 허기에 시달려야 할지도 모른다.

나!

나는 누구인가?

나, 그럴듯한 지식과 권위로 말하고 있는 나는 누구인가?

들으라!

나는 곧 그대이니, '언제나 있고 모든 것을 다 아는' 그대 자신, 그대의 일부이다.

'모든 것을 알고 있는', 과거에도 항상 알았고, 과거에도 항상 있었던 그대의 일부이다.

그렇다, '나는 곧 그대'이며, 그대의 '큰 자아'이다. 그대 안에 언제나 한결같이 존재하는 그대의 '큰 자아'이다.

그대의 초월적인 부분, 그대의 가장 내밀한 부분, 그대가 이 글을 읽어나감에 따라 내면에서 소생하는, 그리하여 '나의 말씀'에 응답하는 부분, '나의 말씀'을 진리라고 인식하고, 도처에서 발견되는 모든 오류들을 일거에 씻어내어 버리는 그대의 초월적인 부분이다. 오랜 세월 동안 오류를 먹고 살아온 그대의 에고가 결코 아니다.

'진정한 나'만이 그대의 진정한 교사이니, 오직 나만이 '유일한 스승'임을 그대도 알게 되리라.

나는 곧 그대 안에 있는 '신성한 자아'이다.

나만이, 그대 안에 있는 '진정한 나'만이, '나의 이 메시지'를, '살아 숨쉬는 나의 말씀'을 그대에게 가져다줄 수 있다. 내가 이제껏 삶의 모든 것을 공급해 왔듯이. 그것이 책이든 '스승'이든,

나만이, 오직 나만이, 그대의 진정한 '큰 자아'만이, 그대를 위한 유일한 교사이며 신임을 가르쳐 왔듯이. 항상 그대 안에 있는 '나'는, '생명의 빵과 포도주'만이 아니라 물질적, 정신적, 영적 성장과 유지를 위해 필요한 모든 것을 항상 공급해 왔다.

그러니 '나의 메시지'는, 그대의 내면에서 외부 의식을 향해 말을 걸 것이고, '그대'에게 호소할 것이다. 이는 그대 안의 '큰 자아'가 항상 알고는 있었지만 외부 의식에게는 명료하지 않았던 것들, 확연하게 나타나지 않았던 것들에 대한 확증이다.

마찬가지로, 외부적인 표현으로 나타나 그대에게 호소해 왔던 것들 또한, 내면에서는 이미 알고 있었던 '나의 말씀'에 대한 확인이었을 뿐이다. 그런 외부적인 표현은, 그대의 자아의식에 맞닿아 마음에 새기도록 하기 위해 내가 선택했던 수단이요 길이었다.

'나'는 그대의 인간적인 마음이 아니요, 마음이 낳은 산물도 아니며, 지성도 아니다. 그대가 '내 존재'의 표현인 것과 마찬가지로 그것들은 단지 그대라는 존재의 표현일 뿐이다. 그대가 '나의 초자아적 신성'의 표현인 것과 마찬가지로, 그것들은 단지 그대라는 인간의 개성적인 표현일 뿐이다.

이 말들을 숙고하고, 주의 깊게 연구하라.

일어서라, 그리고 그대 자신을 지금, 그리고 영원히 자유롭게 풀어주라. 자기과시와 자아도취로 무장된 몸과 마음을 해방시키

라. 에고의 지배로부터 그대를 해방시키라.

그대의 마음은 이제부터 그대의 하인이 되어야 한다. 그대의 지성은 그대의 노예가 되어야 한다. 그래야만 '나의 말씀'이 그대의 '영혼 의식'을 꿰뚫고 스며들 수 있기 때문이다.

'진정한 나'는 이제 그대의 '영혼 의식' 안으로 다가간다. '나의 말씀'을 받아들이도록 준비시키려고, 나는 지금껏 그대의 '영혼 의식'을 되살리기 위해 애써 왔다.

만일 그대가 감당할 수 있을 만큼 충분히 강하다면, 만일 그대가 개인적인 기호들과 믿음, 사소한 견해들을 치워 버릴 수만 있다면, 타인들의 쓰레기통에서 긁어 모은 그런 것들을 내려놓을 수만 있다면, 만일 그대가 그것들 모두를 멀리 날려보내 버릴 만큼 충분히 강하다면, 그때에야 비로소, '나의 말씀'은 그대에게 끝없는 기쁨과 축복의 원천이 될 것이다.

'나의 말씀'을 끝까지 읽어 나감에 따라, 그대는 결국 자신의 것이라고 여겼던 개성에 대해 의심을 품게 되리니, 거기에 대비하도록 하라.

만일 그대가 '나의 말씀'을 가슴에 품고 거기에서 살기를 허락하기만 한다면, 자신의 것이라고 믿었던 것들은 이제 더 이상 설 자리가 없을 것이다. 그대의 생각과 감정들, 이리저리 오가며 생각을 내는 모든 것들이 기실은 '진정한 그대'의 것이 아님을 깨닫게 될 것이다.

그렇다, 그대에게는 이제 '진정한 내가' 꽃 피어나고 있다. '나의 현존'을 의식하기 시작하고 있다.

나는 그대의 인간적인 마음이 '내가 누구인지'를 다소나마 이해할 수 있도록 이제껏 준비시켜 왔다.

나는 항상 그대와 함께 있어 왔지만, 그대는 알지 못했다.

나는 의도적으로 그대가 책과 가르침 속을 헤매도록, 종교와 철학 사이를 헤매도록 이끌어 왔다. 약속의 땅에 대한 비전을 영혼의 눈으로 바라볼 수 있도록 해왔다. 사막을 헤매는 그대에게 만나를 먹여 주어, '진정한 영혼의 빵'을 기억하고 갈망하게 했다.

이제 나는 그대를 요단 강 앞으로 데려왔으니, 그대 앞에는 신성한 유산의 땅이 기다리고 있다.

이제 그대는 '진정한 내가 누구인지'를 깨어 있는 마음으로 알 때가 왔다. 강을 건너 젖과 꿀이 흐르는 가나안 땅으로 들어설 때가 왔다.

준비가 되었는가?

나아가기를 원하는가?

그렇다면, '나의 말씀'을 따르라. 이것이 바로 나의 언약의 궤이며, 그대는 발을 적시지 않고 건너가게 될 것이다.

2. 고요히 있으라

BE STILL AND KNOW

이제, 그대가 '나'를 알고자 한다면, 그리하여 이런 말을 하는 자가 그대의 '진정한 자아'임을 확신할 수 있으려면, 그대는 무엇보다 먼저 마음을 고요하게 하여야 한다. 그대의 인간적인 몸과 마음을, 그칠 새 없는 움직거림을 멈추도록 하라. 그래서 더 이상 몸도, 마음도, 그 활동도 의식할 수 없도록 하라.

그대는 아직 그리 할 수 없을 것이다. 그러나 그대가 진정 '나'를 알기를 원한다면, 이제부터 내가 요청하는 것을 그대로 받아들이고 기꺼이 자신을 내맡기기만 한다면, 내가 이제 그 방법을 일러주리라.

들으라!

이 책 전체를 통하여, 그대의 '높은 자아', '신성한 자아'라고 표현되어 있는 '나'는 누구인가? 그대의 인간적인 마음과 지성을 향해 말을 걸기도 하고 충고 하는 '나'는 누구인가? 그대의 '진정한 자아'가 그렇게 말을 걸면, 그대는 자신의 개성과는 별도로 분리된 그 무엇이 그대에게 말하고 있다고 생각한다. 그대의 인간적인 마음이 그런 식으로 되어 있어서, 예전에 경험하거나 배운 것에 비추어 보아 확신할 수가 없는 것은 어떠한 것도 받아들이려 하지 않는다. 그대의 지성은 그것이 합리적이지 않다고 주장한다. 그런 까닭에, 그대는 자신의 지성이 납득할 만한 용어와 표현을 고르려고 애쓴다. 그대의 내면에서는 이미 알고 있는 진리를 마음이 아직 알아차리지 못할 경우에는, 그런 식으로 애를 먹곤 한다.

사실은, 내면에서 이미 알고 있는 이 '내가' 바로 그대 자신이요, '참자아'이다. 그대의 인간적인 마음은, 지금껏 이기적인 탐욕으로 지성과 몸을 살찌우는 데에만 열중해 왔기에, 그대의 진정한 주인이요 스승인 '참자아'를 알아볼 기회를 내내 갖지 못했다. 그대는 그렇게 몸이나 두뇌 작용이 겪는 즐거움과 고통에만 관심을 두어 왔고 영향을 받아 왔기에, 그대의 몸이나 두뇌 작용이 그대 자신이라고까지 믿을 지경에 이르렀다. 그리하여 그대는 진정한 자신을, 그대의 '신적인 자아'를 잊고 지내 온 것이다.

진정한 그대는 그대의 머리 속 헤아림이 아니다. 진정한 그대는 그대의 몸이 아니다. 이 메시지는 '그대와 내가 진정 하나'임을 가르치기 위한 것이다. 여기에서 내가 말하고자 하는 바는, 이 같은 엄청난 사실에 눈뜨게 하고자 함이니, 이것이 바로 이 책의 핵심이라 할 수 있다.

그대의 몸이나 두뇌 작용이 그대 자신이라는 생각을 털어버리기 전에는, 그토록 오랜 세월 동안 사로잡혀 온 그 의식을 깨끗이 치워 버리기 전에는, 그대는 진정 깨어날 수 없으리라. 그대와 내가 진정 하나임을 알지 못하리라. 그러니 내가 그대의 내면에 있다는 것을 속속들이 '알' 때까지는, 내 존재를 내면에서 '느껴 보도록' 애쓰라.

그대의 머리속 헤아림을 온전히 멈추려면, 생각과 몸을, 몸이 주는 감각을 온전히 잊어버리려면, 그래서 그대의 내면에서 '나'를 느낄 수 있으려면, 먼저 '나'의 지시에 따르도록 하라.

자리를 잡고 편안한 자세로 앉으라. 마음 상태가 홀가분해지고 편안해지면, 그대의 마음속에 다음과 같은 말씀의 의미를 새기고 또 새기도록 하라.

"고요히 있으라, 그리고 내가 신임을 알라."
("Be still! — and KNOW — I AM — God.")

'아무런 생각의 헤아림 없이', 이 말씀을 따르라. 그대의 '영혼'에 깊이 깊이 침투될 수 있도록 '내 신성의 명령'을 따르라. 그대 마음에 어떠한 느낌이 솟아오르든, 그대로 놔두라. 어떠한 노력도 하지 말라. 흐름을 통제하려고 하지 말라. 말씀이 흘러들어오는 것을 주의 깊게 지켜보도록 하라. 왜냐하면 그것이 곧 그대 자신이기 때문이다. 그리하여 말씀의 생생한 의미가 그대의 의식에 다가오기 시작하면, '나의 말씀'을 천천히, 단호하게 말하도록 하라. 그대의 몸 세포 하나하나를 향해서, 마음의 구석구석에 메아리칠 수 있도록, 그대가 가진 모든 의식의 힘을 다하여, 이 말씀을 되뇌도록 하라.

"고요히 있으라, 그리고 내가 신임을 알라."

또박또박 글자를 써 내려가듯이, 그렇게 말하도록 하라. 그대 안의 '신'이 명령하고 있다는 것을, 죽어야 할 그대의 자아를 향해서 절대적인 복종을 요구하고 있다는 것을 깨달으려고 애쓰면서, 그렇게 말하라.

이 말씀을 깊이 탐구하고, 이 말씀에 숨겨진 힘을 찾아내도록 하라.

닭이 알을 품듯이, 이 말씀을 품으라. 무슨 일을 하든, 이 말씀을 품고 다니라. 일하는 가운데서도 이 말씀을 그대의 중심점으로 삼으라. 무슨 생각을 할 때라도 이 말씀을 가장 중심에 놓도록 하라.

하루에도 수천 번씩 이 말씀을 되뇌도록 하라.

이 말씀의 가장 깊은 의미가 그대에게 닿을 때까지.

그대의 몸 세포 하나하나가 "고요히 있으라"라는 이 명령에 기쁨으로 떨며 기꺼이 따를 수 있을 때까지.

그대의 마음 주변을 어슬렁대며 떠도는 온갖 생각들이 아득한 무(無)의 공간으로 서둘러 사라질 때까지.

그때에야 비로소, 그 '말씀'이 그대의 텅 빈 존재의 동굴 속에 메아리칠 것이다.

그때에야 비로소, '깨달음의 태양'이 의식의 지평선 위에서 둥그렇게 솟아오르기 시작할 것이다.

그때에야 비로소, 그대 안의 모든 죽어질 요소들이 떠밀리고 밀려나, 경이롭고도 낯선 '숨결'이 큰 물결을 이루며 다가오리니, 그대의 감각 기관은 기쁨의 절정으로 폭발할 지경에 이를 것이다. 그때에야 비로소 위대한 힘이 그대의 내면에서 솟아나 굽이치며 밀려오리니, 저항할 수 없는 '힘'이 그대를 이 지상에서 들어올리리라. 그때에야 비로소, '내 현존의 영광'을, 그 '성스러운 장엄한 힘'을 느낄 수 있으리라.

그때에야 비로소, 그대는 '진정한 나'를, '내가 신이라는 것'을 알게 되리라.

그대의 내면에서 이렇게 '나'를 느끼고, 내 권능을 맛보고, 내 지혜의 말씀을 경청하여, 모든 것을 포용하는 내 사랑의 절정을 알기만 한다면, 어떠한 질병도 그대를 범접할 수 없을 것이고, 어떠한 환경도 그대를 연약하게 할 수 없을 것이고, 어떠한 적도 그대를 쓰러뜨릴 수 없으리라. 왜냐하면 이제 그대는 진정 자신이 누구인지를 알았기 때문이다. 이제부터 그대는 필요할 때면 언제든 '나'에게로 시선을 돌릴 것이고, 그대의 모든 것을 '나'에게 맡길 것이고, 나를 따름으로써 '내 의지'를 이 지상에 실현시킬 것이기 때문이다.

그렇게 '나'에게로 시선을 돌리기만 하면, 그대는 어떠한 실패도 없이, 필요할 때면 언제나 그대를 후원해 주는 '나'를 만날수 있으리라. 내가 '나의 현존'으로, '나의 권능'으로 그대를 가득채울 것이므로, 그대는 단지 '마음이여, 고요히 있으라'고 명령하여 나를 따르기만 하면, 하고자 하는 바를 다 이룰 수 있을 것이다. 자신의 병이나 다른 사람의 병을 고칠 수도 있을 것이다. 마음이밝아져서 그대가 찾고자 하는 진리를 '나의 눈으로' 찾아낼 수도있을 것이고, 예전에는 거의 불가능하게 보였던 일들도 완벽하게이루어낼 수 있으리라.

이러한 앎, 이러한 눈뜸이 지금 당장 오지는 않을 것이다. 여러 해가 걸릴지도 모르고, 또 내일 올지도 모른다.

그것은 전적으로 그대에게 달린 일이니, 인간적인 욕망이나알음알이와는 아무런 상관이 없다. 그대의 개성과는 아무런 상관이 없다. 그러한 앎, 그러한 눈뜸은 그대 안에 있는 '나', 내면에있는 '신'에게 달린 일이다.

누가 봉오리를 열어 꽃을 만발하게 하는가?

누가 껍질을 깨뜨리고 병아리를 나오게 하는가?

그 날과 그 시간을 누가 결정짓는가?

'내 뜻'에 의해 지시를 받는 '내면의 지혜'가 그 모든 일을

'자연스럽게' 이루어낸다. 꽃을 피우고 병아리를 나오게 함으로써 내 생각을 여물게 하고, 세상에 표현하는 것이다.

꽃과 병아리 따위가 내 뜻, 내 생각과 무슨 관련이 있느냐고?

물론 아무 관련도 없다. 그들은 단지 나에게 그들을 온전히 내맡기고, 자신들의 뜻을 내 뜻과 일치시킴으로써 '나의 지혜'를 따르게 되고, 그래서 때맞춰 꽃을 피우고 껍질을 깨뜨리고 나올 시간을 아는 것이다. 그들은 '내 의지'의 충동에 복종하는 것만으로도 자기들의 작품을 만들 수 있었고, '새로운 생명'으로 나아갈 수 있었던 것이다.

그대는 인간적인 개성을 지닌 상태에서, 인간적인 의식의 껍질을 깨뜨리고 나오기 위해 수천 번 수만 번 시도할 수도 있다.

그렇게 수고해 보았자, 결과는 뻔하다. 눈에 보이는 세계와 눈에 보이지 않는 꿈의 세계 사이에 내가 쳐둔 장막을 부술 수 있을 뿐이다. 그래서 문이 열리고 나면, 자신의 것이라고 여겼던 영토가 사실은 개인의 것이 아님을 알게 될 것이다. 별다른 갈등이나 고통도 없이, 그대의 영토를 고스란히 내주어야 할 것이다.

그런 시련을 통해서라도, 그대는 자신에게 부족한 힘과 그것을 알기 위해 필요했던 지혜를 얻을 수 있다. 그럼에도 자신을 이롭게 하려는 앎을 향한 모든 욕망, 선을 향한 욕망, 심지어는 '나'와 하나 되려는 욕망까지도 완전히 포기하기 전까지는 아니니, 그 모든 욕망을 다 버렸을 때에야 비로소, '내 신성한 본성'이 품고 있는 완전한 아름다움의 꽃잎을 펼쳐 보여줄 수 있으리라. 그때에야 비로소, 그대의 인간적 개성이라는 껍질을 벗어 던지고, '하늘 왕국'의 영광스러운 '빛' 가운데로 나아갈 수 있으리라.

그런 까닭에 그대가 어떻게 '그대 안의 나'를 알아볼 수 있는지 그 방법을 일러주려 하는 것이다.

그대가 여기 주어진 '나'의 가르침을 따르고, 복종하고, 이해하기 위해 열성을 부리기만 한다면, 그대는 머지않아 '나'를 알게 되리라. 책이나 가르침 속에, 있는 그대로의 '본성' 안에, 혹은 그대의 동료 인간들 사이에 씌어진 '나의 말씀'을 모두 이해할 수 있게 되리라. 이것이 그대에게 주는 나의 약속이다.

여기에 씌어진 많은 부분들이 비록 모순되게 여겨질지라도, '나'의 참된 뜻이 어디에 있는지를 깊이 탐구하도록 하라. 포기하거나 버리지 말라. 의미하는 바가 분명해질 때까지는 한 구절도, 한 생각도 버리지 말라.

그렇게 애써 탐구하면서도 그 모든 것을 '나'에게, 그대 안의 '진정한 자아'에게 서슴없이 내맡기고 믿도록 하라. 결과를 염려하지 말라. 왜냐하면 그 결과는 '내가' 보장할 것이고, '내가' 돌볼 것이기 때문이다. 의심과 걱정은 그대의 인간적인 자아에 속한 것이니, 그 목소리, 그 주장을 따르길 고집한다면 실패와 좌절밖에 남을 것이 없다.

3. 꽃의 가슴 안에도 있는 그것

I, LIFE, GOD

지금까지 읽어 나가면서 내면에 어떤 울림이 있어서 그대의 '영혼'이 더 읽기를 열망한다면, 그대는 이 책을 계속 읽을 준비가 된 것이다.

그러나 여기까지 씌어진 것들이 '신적인' 권위로 그럴듯하게 위장한 것 같은 약간의 의심이나 저항감이 남아 있다면, 그것은 그대의 인간적인 알음알이가 교활한 암시와 미묘한 궤변으로 그대의 마음을 또 한 번 속여 넘기려는 시도에 불과한 것이니, 그렇게 되어서는 이 말씀을 읽어도 아무런 유익함을 얻을 것이 없으리라. 왜냐하면 이 말씀의 의미는 그대의 죽어질 의식에 가려 여전히 감추어져 있을 것이기 때문이고, 그러면 '나의 말씀'은 다른 표현 방식을 통해서 그대에게 다가가야 할 것이기 때문이다.

물론, 그것도 괜찮다. 그대의 개성이 빚어내는 인간적인 알음알이가 신적인 권위를 의심하게 하고 저항하게 한다면, 그대는 아직까지 '진정한 나의 것'을 알지 못하고 있는 것이다. 그대의 개성으로 하여금 그렇게 저항하게 하는 자는 누구인가? 바로 나다. 왜냐하면 그대의 드높은 자존심이야말로 내가 필요로 하는 것이기 때문이다. 몸과 마음이 '나'를 완전하게 표현할 수 있도록 충분히 강해지려면, 자존심 역시 필요한 것이기 때문이다.

'나'를 알기 위한 준비가 갖추어질 때까지는, 그대의 개성이 그렇게 의심을 품고 저항하는 것이 오히려 당연하다. 일단 '나의 권위'를 알아차리게 되면, 바로 그 순간 그대의 개성이 갖는 인간적인 권위는 허물어지기 시작한다. 그러니 개성이 그대를 지배하는 날들은 얼마 남지 않았다. 그대는 점점 더 '나'에게로 향하며, 지원과 안내를 요청할 것이다.

그러므로 실망하지 말라. 계속해서 읽어 나가면 아마도 알아차 릴 때가 오리라. 그러나 읽든 읽지 않든, 그것은 그대의 선택 사항임을 알라. 하지만 그대가 선택을 한다 할지라도, 진정으로 선택을 하는 것은 그대가 아니라, 바로 나다. 내가 선택을 하는 것이다.

더 이상 읽지 않기로 해도, 그것 역시 내가 계획한 것이다. 그대가 무엇을 하든, 무엇을 좋아하든, 무엇을 원하든, 그대의 개성이 지니는 허위와 환상을 통해서 그대를 이끄는 것은 바로 '나'라는 것을 때가 되면 알게 되리라. 그대는 마침내 그대의 개성이란 실재하지 않는다는 것에 눈뜨게 될 것이고, 그때에야 비로소 '나'에게로 방향을 돌려, '나'만이 오직 하나의 유일한

'실재'임을 인정하게 되리라. 그때에야 비로소 이 말씀이 그대 안에 메아리 치리라.

"고요히 있으라, 그리고 내가 신임을 알라."

그렇다, 나는 그대의 내면에 자리하는 가장 내밀한 부분이다. 나는 시간도 공간도 알지 못한 채, 고요하게 기다리면서 지켜본다. 왜냐하면 '나'는 '영원'이며, 어디에나 없는 곳이 없는 존재이기 때문이다.

나는 그대가 인간으로서의 연약함을 노출하고 어리석음을 저지르는 것을 지켜보며 기다린다. 헛된 열망과 야망과 후회로 얼룩진 그대 인생을 지켜보며 기다린다. 물론 나는 때가 오리라는 것을 안다. 그때가 되면 그대는 지치고, 낙담하고, 한층 겸손해져서, '나'에게 길을 가리켜 달라고 요청하리라. 그 동안에도 내내 그대를 이끌어 온 것은 바로 나라는 사실을 까맣게 모르는 채로.

그렇다, 나는 여기 그대의 내면에 들어앉아 조용히 기다리고 있다. 기다리는 동안에도 나는 그대에게 모든 길을 가리켜 보인다. 그대의 생각과 행위에 영감을 불어넣는 것도 '나'이고, 그대를 비롯한 '나'의 다른 인간들로 하여금 마침내 '나'를 알아차리도록 이끌어 주는 것도 바로 '나'다.

그렇다, 나는 언제나 그대의 가슴 속 깊숙한 곳에 있어 왔다. 나는 그대와 더불어 늘 함께 있어 왔다. 그대의 기쁨과 가슴 아픔, 성공과 실수를 함께했고, 그대의 악한 행위, 수치심, 형제들과 신에 대한 그대의 죄악조차 함께했다.

그대가 곧은 길을 가든, 샛길을 가든, 뒤로 후퇴하든, 그대를 인도한 것은 바로 '나'였다.

먼발치에서나마 '나'를 언뜻 보게 하여 그대를 촉구했던 것은 바로 '나'였다.

매혹적인 얼굴 안에서, 아름다운 몸 안에서, 꿈 속 같은 쾌락 안에서, 지나친 야망 안에서, '나'의 환영을 보게 하여 그대를 유혹했던 것도 바로 '나'였다.

죄나 연약함, 탐욕이나 궤변의 옷을 입고 그대 앞에 나타나 그대로 하여금 소위 '양심'의 품 안으로 뛰어들게 한 것도, 그래서 실체 없는 그 그림자를 붙들고 싸우도록 한 것도 바로 '나'였다. 그대가 양심이란 것의 무능함에 눈을 뜨고 진저리를 칠 때까지, 그래서 '나'의 가면을 찢는 새로운 비전을 느낄 때까지.

그렇다, 그대로 하여금 그 모든 일을 하게 한 근본에는 바로 내가 있었다. 그대가 하는 모든 일들, 그대의 형제가 하는 모든 일들이 사실은 내가 하는 것임을 그대가 알아차릴 수만 있다면! 왜 그럴까? 그대 안에, 그대의 형제 안에 '내가', '나의 자아'가 존재하기 때문이다.

왜냐하면 '나는 곧 생명'이기 때문이다.

'나'는 그대의 몸에 생기를 불어넣는 존재이며, 그대의 마음에 생각을 일으키는 존재이며, 그대의 심장을 뛰게 하는 존재이다.

'나'는 그대 존재에, 모든 생명에, 눈에 보이든 보이지 않든 모든 살아 있는 것들에 생기를 불어넣는 근원이요, 가장 내밀한 영이다. 죽음이란 사실 없나니, 왜냐하면 나는 존재하는 모든 것이요, '초자아적인 하나'이기 때문이다. 나는 무한하고, 한계가 없는 존재이다. 우주가 '내 몸'이다. 존재한 모든 지성이 '내 마음'에서 나온 것이고, 존재하는 모든 사랑이 '내 심장'에서 흘러나온 것이며, 존재하는 모든 힘이 사실은 '나의 의지'가 작동하고 있는 것이다.

모든 지혜, 모든 사랑, 모든 권능(모든 형태를 유지시키고, 생명으로 표현되는 모든 것들의 안에, 그리고 그 배후에 있는 빛과 열과 에너지라고 해도 좋다)으로 표현되는 삼위일체의 힘은 '나 자신'이 존재 상태로, 혹은 행동으로 현현되어 나타난 것일 뿐이다.

'나'의 표현이 아닌 것, '나'의 현현이 아닌 것은 있을 수 없나니, '나'는 모든 형상을 짓는 자일 뿐만 아니라 각각의 형상 안에 '거주하는' 자이기도 하기 때문이다. 저마다의 가슴 안에 '나'는 살고 있다. 인간의 가슴 안에, 동물의 가슴 안에, 꽃의 가슴 안에, 돌의 가슴 안에, '나'는 살고 있다. 저마다의 가슴 안에서 '나'는 살고, 움직이고, '내 존재'를 가진다. '나'는 내가 표현하고자 하는 것들을 하나의 돌, 하나의 꽃, 하나의 동물, 한 사람과 같이,

겉으로 나타난 세상에 현현시킨다.

그렇다면 '나' 이외에 무엇이 있을 수 있단 말인가? 그렇다면 나라는 개체적인 존재는 무엇이란 말인가? 개체적인 나는 없단 말인가? 그대의 묻는 소리가 들리는 듯하다.

바로 그렇다, 아무것도 존재하지 않는다. '나'의 부분이 아닌 것은 아무것도 존재하지 않는다. '나'에 의하여, '무한한 유일의 실재'에 의하여, 다스림을 받지 않는 것은 아무것도 없다.

그대 스스로 독립된 개체라고 생각하는 것은 문자 그대로 생각에 지나지 않아서, 하나의 분리된 존재로서 유지되기를 추구하는 마음의 반영에 지나지 않는다.

머지않아 그대는 '나'에게서 분리된 개인이란 존재하지 않음을 알게 되리라. 저마다 나라고 주장하는 목소리들은 '나의 신성한 초자아성'에 흡수되어 스러질 것이니, 그대 또한 이를 알게 되리라.

그렇다, 그대는 머지않아 '나의 초자아성'을 보게 될 것이고, 거기에 눈뜨게 되리라. 하여 어떠한 개체성도 원하지 않게 될 것이고, 그대만의 분리를 원하지 않게 되리라. 왜냐하면 그대는 그것이 단지 또 하나의 환상에 지나지 않음을 깨우치게 될 것이기 때문이다.

4. 내 안의 방향지시등
CONSCIOUSNESS, INTELLIGENCE, WILL

그렇다, 지금껏 읽어 오는 동안, 그대의 마음속은 천 갈래 만 갈래 생각들로 분주했었다. 솟아오르는 의심과 의문, 왠지 모를 두려움…. 그러는 가운데서도 막연한 두려움은 어렴풋이나 마 '진정한 나의 뜻'을 만남으로써 한 줄기 희망으로 바뀌어 갔다. 그대의 인간적인 지성이 만들어 놓은 어둠의 장막을 뚫고 들어가기 시작한 그 빛은, '나의 말씀' 뒤에 감추어진 '진리'를 '진리'로 알아볼 수 있을 정도로 더욱 밝아질 수도 있으리라.

다시 한 번 말하노니, 지금 말하고 있는 이 '나'는 누구인가? 바로 그대의 '참자아'이다. 여기 적힌 말씀의 의미를 충분히 이해 하기 위해서 필요한 것이 있다면, 그대의 인간적인 의식을 향해서 말하는 자가 다름 아닌 그대 자신이라는 것, 자신의 '진정한 자아'라는 것을 깨닫는 일이다.

되풀이 말하노니, 지금 말하고 있는 이 '나'는, 가장 미소한 원자에서부터 거대한 태양에 이르기까지 우주의 뭇 살아 있는 것들에게 생기를 불어넣는 '영'이요 '생명'인 '참나'이다. 이 '나'는 그대와 그대의 형제 자매 안에 있는 '지성'이니, 그것은 만물을 살게 하고, 자라게 하고, 저마다 제 갈 길을 가게 하는 근원의 '지성'과도 같은 것이다.

아마도 그대는 이 '내가' 어떻게 그대의 '참나'가 되고, 그대 형제의 '참나'가 되고, 돌과 식물과 동물의 '지성' 또한 될 수 있는지, 아직은 이해하지 못할 것이다. 어떻게 하나가 동시에 다른 것이 될 수 있는지, 이해하지 못할 것이다.

그러나 그대가 '내 말씀'을 따라 여기에 주어진 가르침을 따르기만 한다면, 그대는 깨닫게 되리라. 그대가 '내 뜻'을 이해하려고 열심을 부리기만 한다면, 나는 그대의 의식에 빛을 가져다줄 것이고, 그 빛은 그대 마음의 가장 깊은 곳까지도 비추어 주어, 인간으로서 품을 수 있는 온갖 오해의 먹구름을, 그대의 지성을 어둡게 물들이는 온갖 견해와 사상의 먹구름을 몰아내 줄 것이다.

그러니 주의 깊게 귀 기울이라.

'나'는 그대이고, 그대의 '진정한 자아'이고, 있는 그대로의 그대 자신이다. 그대는 진정 스스로 생각하는 그런 존재가 아니다. 그대 스스로 생각하는 그대는, '참된' 그대 자신의 그림자에 지나지 않는다. 그대의 불멸하는 '신적인 자아', '참된' 그대의 그림자에 지나지 않는다.

있는 그대로의 '나'는, 그대가 소위 '나'라고 부르는, 그대의 인간적인 마음속에 초점이 되는 바로 그 의식이다. 나는 바로 그 '나'이지만, 그대가 '자신의 의식'이라고 부르는 것은 '나의 의식'의 실재 안에 있다. 인간의 마음이라는 그릇에 적응하느라 '나의 의식'이 엷어져 버린 것뿐이다. 하지만 그것 역시 여전히 '나의 의식'이니, 그대의 인간적인 오해나 편견, 온갖 생각들에서 벗어나 그것들을 깨끗이 청소하고 비울 수 있을 때, '나의 의식'은 비로소 자유롭게 표현할 수 있는 날개를 얻을 것이고, 그때에야 비로소 그대는 '나'를 알아볼 것이며, 그대가 아무것도 아님을 깨우치게 되리라. 그대는 '나'를 알아볼 것이고, 그대가 아무것도 아님을 깨우치게 되리라. 그대는 '나의 의식'의 한 초점일 뿐이며, '나의 의식'을 물질로 표현할 수 있는 통로요 매체일 뿐임을 알게 되리라.

아직은 이를 알 수 없으리라. 그대의 지성에게 그 진리를 확신시킴으로써, 내가 그대의 마음을 충분히 준비시키기 전까지는 이를 믿을 수도 없으리라.

그대는 자신의 몸을 구성하는 세포들이 저마다 의식을 지니고 있으며, 스스로 지성을 지니고 있다고 배워 왔다. 이 의식이 아니라면 그대의 세포 하나하나는 그렇게 지성적으로 작동될 수가 없으리라.

수백만의 세포들이 있지만, 각자는 지성적으로 스스로 할 일을 한다. 세포 하나하나를 통제하는 통합된 의식이 있는 것이 분명하다. 이 통합된 '그룹 지성'이 저마다의 할 일을 지시하고 조절한다. 저마다의 세포가 모여서 형상을 짓는 그 기관의 지성이란, 바로 이 '그룹 지성'인 것이다. 마찬가지로, 다른 기관에는 다른 '그룹 지성'이 있고, 각각의 기관에는 수백만의 다른 세포들이 있으며, 이러한 기관들이 그대의 물리적인 몸을 이루는 것이다.

이제 그대는, 자신이 몸의 작용을 지시하는 '지성'이라는 것을 알게 되었다(그 작용이 의식적으로 이루어지든 무의식적으로 이루어지든). 각 기관의 세포 하나하나는 이렇게 지시를 내리는 '지성'의 한 초점이라는 것도 알게 되었다. 이 '지성'이 끊기면 세포들은 산산조각이 나고, 그러면 그대의 물리적인 몸은 죽어, 하나의 살아 있는 유기체로서 더 이상 존재하지 않는다.

그대 몸의 기관들에게 활동할 것을 지시하고 조절하는, 또 그 기관들을 구성하는 각 세포에게 활동할 것을 지시하고 통제하는 '그대'는 누구인가?

이러한 일을 하는 것이 그대의 개인적인 자아라고는 말하지 못할 것이다. 왜냐하면 그대는 자신의 몸의 한 기관도 의식적으로는 통제할 수가 없기 때문이다.

그 모든 일을 하는 것은 그대 안에 있는 '불멸의 자아', 그대의 개성을 뛰어넘어 존재하는 '초자아', '작은 자아'가 아닌 '큰 자아'일 수밖에 없다.

들으라!

'그대 안의 진정한 나'와 '나'의 관계는, 그대 몸의 세포 의식과 그대의 '진정한 자아 의식'과의 관계와 같다.

말하자면, 그대는 '나의 몸'의 한 세포이다. ('나의 세포들' 중 하나로서의) 그대의 의식과 '나'의 관계는, 그대 몸의 세포들 중 하나의 의식과 '그대 자신'의 관계와 같다.

그러므로, 그대의 의식이 '나의 의식'인 것과 마찬가지로 그대 몸의 세포 의식은 '나의 의식'인 것이다. 당연히 그래야 하지 않겠는가? 그러니 세포와 그대와 나는 의식에 있어서 '하나'여야 한다.

그대는 의식적으로 그대 몸의 한 세포를 향해서 지시하거나 통제할 수 없다. 그러나 그대가 자유자재로 그대 안의 '진정한 나의 의식' 안으로 들어갈 수만 있다면, 그대는 그대 몸의 각 세포들뿐만 아니라 그대가 통제하기를 원하는 다른 몸의 세포들마저도 통제할 수가 있게 된다.

그대의 의식이 그대 몸의 세포들을 더 이상 통제하지 않을 때는 어떻게 되는가? 그 몸은 통합되지 못하고, 세포들은 분리되어, 당장 작동을 멈추게 된다. 그러나 세포들이 죽거나 의식을 잃는가? 그렇지 않다. 세포들은 잠시 잠을 자거나 휴식을 취하고, 잠시 후엔 다른 세포들과 결합되어 새로운 조합을 이룬다. 그래서 광물이나 식물, 동물 같은 생명의 다른 형태로 나타나게 된다. 그들은 여전히 본래의 의식을 지니고 있지만, 새로운 유기체로 결합하려는 '나의 의지'가 행동을 취하기를 기다린다. 물질화시키려는 나의 염원을 통하여 새로운 의식이 작동되기를 기다리는 것이다.

이 세포 의식은 광물이든, 식물이든, 동물이든, 인간이든, 모든 몸에 공통되는 의식이다. 어떠한 일이든 척척 알아서 하는 저 세포들을 보라.

그렇다, 이 세포 의식은 모든 몸의 모든 세포에 공통된다. 어떠한 종류의 몸이라도 마찬가지다. 왜냐하면 그것은 자신에게 할당된 일을 하는 것 외에는 다른 목적을 지니지 않은 '초자아적' 의식이기 때문이다. 세포의식은, 필요할 때면 어느 곳에서든 작동할 준비가 되어 있다. 그것을 위해서 살아 있는 것이다. 하나의 형태를 짓는 일이 끝나면, 이어서 또 다른 형태를 짓는 일을 맡는 식으로, 내가 원하는 의식이 무엇이든 거기에 봉사한다.

세포의식은 그렇게, 그대와 더불어 있는 것이다.

'내 몸'의 세포들 중 하나인 그대는, '내 의식'인 하나의 의식을 가지고, '내 지성'인 하나의 지성을 가지며, '내 의지'인 하나의 의지를 가진다. 그대 스스로는 그 어느 것도 가질 수 없다. 그것들은 모두 '나'에게 속하며, '나'의 쓸모를 위해서만 존재한다.

'내 의식'과 '내 지성'과 '내 의지'는 전적으로 '초자아적'이다. 그대나 '내 몸'의 모든 세포들이나 이 점에서는 하나도 다를 것이 없다. 심지어는 '내 몸'의 모든 세포들이나 그대 몸의 모든 세포들이나 초자아적이라는 점에서는 마찬가지라고 할 수 있다.

전적으로 '초자아적인' '진정한 나'는, 그대 안에서와 '내 몸'의 다른 세포들 안에서 작동하는 '내 의식', '내 지성', '내 의지'는, 각각의 개아(個我)를 뛰어넘어 작동되어야만 한다. 그대 몸의 세포들이 저마다의 개아를 뛰어넘어 작동되는 것과 마찬가지로, 그러니 '나'와, 그대와 그대의 형제 안에 있는 '진정한 나'와, 모든 몸의 모든 세포들 안에 있는 의식과 지성은, 모두 '하나'인 것이다.

'나'는 '만물'의 '지성'에 방향을 가리켜 보이고, 모든 물질과 질료에 '영'을, '생명'을, '의식'을 불어넣는다.

그대가 이를 알아차릴 수 있다면, 그대의 '참자아'는, 개체를 뛰어넘어 존재하는 그대의 진정한 자아는, 만물 안에 있고, 만물과 하나이며, '내' 안에 있고, '나'와 하나이다. 그대와 만물 안에 '내'가 있고, 그럼으로써 그대와 만물을 통하여 '나의 실재'를 표현하고 있듯이.

그러므로 그대가 그대의 '의지'라고 부르는 이 의지가 그대 개인의 것은 아닌 것이다. 그대의 마음 안에 있는 의식과 지성, 그리고 그대 몸의 모든 세포들의 의식과 지성이, 그대 자신의 것이 아닌 것과 마찬가지로.

그것은 단지 그대의 개인적인 자아에게 사용을 허락한 '내 의지'의 작은 부분일 뿐이다. 그대가 그대 안의 힘이나 능력에 더 빨리 눈을 뜰수록, 그래서 그것을 의식적으로 사용하기 시작할수록, 나는 그대에게 '나의 무한한 힘'을 더 많이 허락할 것이다.

그 모든 힘을 얼마만큼 사용하느냐는, '내 의지'의 쓰임새에 대한 이해와 인식의 정도에 달려 있다.

그대의 의지와 그대의 모든 힘은 그대의 그릇에 적합하도록 내가 공급하는 '내 의지'의 한 모습에 지나지 않는다.

'내 의지'를 깨어 있는 마음으로 사용하는 법을 그대가 알기도 전에, '내 의지'의 모든 힘을 그대에게 맡겼더라면 어떻게 되었을까? '내 의지'는 그대의 몸을 완전히 망가뜨리고 말았을 것이다.

그대의 힘을 시험하기 위해서, '나의 힘'이 남용되고 있음을 그대에게 보여주기 위해, 나는 때로 그대가 죄를 범하도록, 실수를 범하도록 허용한다. 나는 심지어 '나의 힘', '나의 지성', '나의 사랑'을 의식함으로써 그대 안에서 '나의 현존'을 느끼게 될 때 생기는 자만조차도 허락한다. 나는 그대 자신의 개인적인 목적을 위해서 그 힘을 사용하도록 내버려둔다. 그러나 그런 기간이 오래도록 지속되는 것은 아니다. 왜냐하면, 그 힘이 다스릴 수 없을 만큼 충분히 강해져 버리면, 그 힘은 이를 드러내고 달려들어 그대를 물고 달아나 버릴 것이고, 그대를 진창에 빠뜨려 헤어날 수 없게 만들어 버릴 것이기 때문이다. 그러면 그 힘은 당장 그대의 의식에서 사라져버린다.

그렇게 타락한 뒤에도, 비록 그대가 그때마다 알아차리진 못할지라도, 그대를 바른 길로 이끌기 위해 나는 항상 거기에 존재한다. 무엇보다도 먼저 나는 그대가 타락한 이유를 가리켜 보여주어, 그대를 바르게 펴주고, 그대로 하여금 다시 한 번 출발할 수 있도록 해준다. 그리하여 마침내는, 스스로 충분히 겸손해져서, '나의 의지', '나의 지성', '나의 사랑'을 깨어 있는 마음으로 사용함으로써 그대에게 생겨난 이러한 힘들은, 그대 자신의 개인적인 목적을 위해서는 결코 허락되지 않으며, '나에게 봉사하기 위해서만' 쓰여질 수 있다는 것을 깨우치도록 한다.

그대 몸의 세포들이나 팔의 근육들이 그대의 의지로부터 분리된 별개의 의지를 가질 수 있는가? 그대의 지성에서 분리된 별개의 지성을 가질 수 있는가? 그것들이 감히 자신들을 그렇게 생각할 수가 있는가?

그렇지 않다. 그것들은 그대의 것이 아닌 어떤 지성도 가질 수 없으며, 그대의 것이 아닌 어떠한 의지도 가질 수 없다.

이제 머지않아 그대도 깨닫게 되리라. 그대는 단지 '내 몸'의 세포들 중 하나일 뿐이라는 것을. 그대의 의지는 바로 '내 의지'라는 것을. 그대가 가진 의식과 지성이라는 것은 전적으로 '나'의 의식이요 지성이라는 것을. 그대라고 하는 개인은 결코 없다는 것을. 그대는 인간의 두뇌를 지닌 물리적인 형상일 뿐이라는 것을. 하나의 '생각'을 물질 안에 표현하기 위하여 내가 그렇게 그대를 창조했다는 것을. 그런 특별한 형상으로 내가 최선의 표현을 할 수 있었다는 것을.

이 모든 것이 그대에겐 받아들이기 버거울지도 모른다. 그대는 그럴 수 없다고 거세게 항의할지도 모른다. 그대가 타고난 모든 본성이, 그대 자신을 알려지지 않은 어떤 힘 아래에 종속시키는 것을 거부할지도 모른다. 그 힘이 비록 '신성한' 것이고, '초자아적인' 것이라 할지라도.

두려워하지 말라. 그렇게 거역하는 것은 그대의 개성일 뿐이니. 그대가 '나의 말씀'을 깊이 탐구하고 그 말씀에 따르기만 한다면, 모든 것이 곧 분명해지리라. 지금은 그대에게 이해하기 불가능한 경이로운 '진리'를 이해할 수 있도록 내가 그대의 문을 열어 주리라. 그대의 영혼은 기뻐하고 찬미의 노래를 부를지니, 그대는 이 말씀들을 축복하게 되리라.

5. 오직 하나뿐인 열쇠
THE KEY

'내가' 곧 그대 자신임을, '내가' 곧 그대의 형제요 자매임을 그대는 아직 믿지 못할지도 모른다. 그대들 모두가 '나'의 부분이며, '나'로부터 떨어진 별개의 존재가 아니라 나와 '하나'임을 깨우치지 못할지도 모른다.

그대로서는 아직 이해하기 어렵겠지만, 그대의 형제자매들의 혼들, 죽어질 그대들에게서 유일하게 실재하는 불멸의 그 부분들은, 소위 '본성' 안에 표현되어 나타난 '나'의 또 다른 모습일 뿐이다.

마찬가지로, 그대와 그대의 형제자매들은 나의 '신적인 품성'의 국면들이나 속성들이다. 죽어질 그대의 육신이나 그대의 마음과 지성이 하나의 개성을 띠고, 그대라는 인간의 품성을 나타내듯이.

아직은 그대 안에 있는 '신성'을 알아채지 못할지도 모른다.

하지만 이제 말하노니, 그대는 자신의 의식 안에 나타나기 시작한 이 신성의 징후들을 알게 되리라.

이 신성의 징후를 알아채기 위해서 따라야 할 것은, 주의 깊게 탐구하고 사색하는 것이다. '나의 뜻'을 (일부라도) 움켜쥘 때까지는, 그것들을 그냥 흘려버리지 않도록 하라.

내가 다음에 밝힐 원칙을 충분히 이해한다면, 모든 메시지들이 선연하게 그 의미를 드러낼 것이다.

나는 먼저, '내 존재'의 비밀이 감추어진 모든 신비의 문을 열어젖힐 열쇠를 그대에게 준다.

이 열쇠는, 그대가 일단 그 사용법을 알기만 한다면, 하늘과 땅에 있는 모든 권능과 모든 지혜의 문을 열어 주리라. 그렇다, 그것은 '하늘 왕국'의 문을 열어 줄 것이고, 그러면 그대는 깨어 있는 마음으로 '나'와 '하나'가 되기 위하여 그 안으로 들어가기만 하면 된다.

열쇠는 곧 이것이다. "생각하는 것이 곧 창조하는 것이다." 혹은 이렇게 말할 수도 있으리라. "그대가 가슴에 생각을 품으면, 그것은 이미 그대와 더불어 있다."

멈추라, 그리고 이 말씀이 그대 마음에 깊이깊이 새겨질 수 있도록 명상하라.

'생각하는 자'가 곧 '창조주'이다.

'생각하는 자'는 자기 자신의 '의식적' 창조 세계 안에서 살아간다.

그대가 '생각하는 방법'을 알기만 하면, 그대는 자신이 원하는 것은 무엇이든 의지대로 창조할 수 있다. 그것이 새로운 인격이든, 새로운 환경이든, 새로운 세계이든.

이 열쇠를 갖고서도 진리의 문을 열 수가 없다면, 아직도 감이 잡히지 않는다면, 한번 살펴보도록 하자.

그대는 이제껏 모든 의식이 어떻게 '하나'일 수 있으며, 그것이 어떻게 '나의 의식'일 수 있으며, 동시에 어떻게 그대의 것이기도 한지를, 어떻게 그것이 동물이나 식물, 돌, 눈에 보이지 않는 세포의 것이 될 수도 있는지를 배운 바 있다.

그대는 '나의 의지'가 이런 의식들을 어떻게 통제하는지에 대해서도 배운 바 있다. '나의 의지'야말로 눈에 보이지 않는 세포들을 하나로 이어 주고, 자기 표현을 위해 다양한 유기체를 형성하고, 그것을 통해 내가 표현하고자 하는 서로 다른 '지성의 중심들'을 사용한다.

그러나 그대는 자신의 세포 의식을 어떻게 다루고 어떻게 지시를 내려야 할지 아직 알지 못한다. 그러니 다른 몸의 의식에 대해서야 말할 필요가 있겠는가? 그대와 나, 그리고 세상 만물이 의식과 지성에 있어서 모두 하나임에도 불구하고 말이다.

다음에 이어지는 말씀을 주의 깊게 경청하면, 이를 이해할 수 있을지도 모른다.

그대는 의식이란 것이 무엇인지 깊이 탐구해 본 적이 있는가? 자기도 모르게 그렇게 생각하고 행동했다고 할 때, 의식은 어디에 있는가? 어떻게 해서 나를 뛰어넘은 상태의 인식이 가능한 것처럼 보이는가? 그대의 의식은 마치 잠재된 어떤 힘에 의해 지시를 받고 봉사하기 위해 기다리고 있는 것 같지 않은가?

인간은 나를 뛰어넘은 의식을 갖고 있는 고도의 생물에 지나지 않는단 말인가? 자기 안에 있는 이 '힘'에 의해 지시를 받고 사용되는 존재에 지나지 않는단 말인가?

인간의 의식 안에 잠재되어 있는 이 '힘'이야말로 '나의 의지', 바로 그것이다. 왜냐하면 모든 힘은 '나의 의지'의 현현일 뿐이기 때문이다.

그대는 숱하게 들어 왔다. 태초에 내가 '나의 형상과 모습에 따라' 인간을 창조했다는 것을. 그 후 내가 인간에게 '생명의 숨결'을 불어넣었고, 그래서 인간은 '살아 있는 영혼'이 되었다는 것을.

'나의 형상과 모습에 따라' 인간을 창조함으로써, 나는 '나의 의식' 전부를, '나의 의지' 전부를 표현할 능력을 지닌 생물을 창조한 것이다. 그러니 인간은 '나의 힘', '나의 지성', '나의 사랑'의 모든 것을 표현할 수가 있다. 태초에 나는 그렇게 '나 자신의 완전함'을 본따서, '완전한 인간'을 창조한 것이다.

내가 인간의 몸에 '내 숨결'을 불어넣자, 인간은 그때부터 '나'와 더불어 살게 되었다. 왜냐하면 나는 그때 '나의 의지'를 불어넣었기 때문이다. 어디 바깥쪽에서 불어넣은 것이 아니라, 안쪽에서, '내면의 하늘 왕국'에서 불어넣은 것이다. 그 이후부터 언제나 나는 인간의 '내면'에서 숨쉬며 살았고, '나의 현존'을 경험했다. 왜냐하면 오직 그 목적을 위해서만 '나의 형상과 모습에 따라' 인간을 창조했기 때문이다.

인간이 제 스스로는 숨을 쉴 수 없다는 것이, 여기에 대한 증거가 될 수 있을 것이다. 인간의 의식적인 자아보다 훨씬 더 위대한 그 무엇인가가 인간의 몸 안에 살고 있으며, 인간의 폐를 통해 숨을 쉬고 있다. 그러니 그의 몸 안에 있는 위대한 힘이 폐를 사용하고 있는 셈이다. 그 힘은 또한, 폐를 통해 들이쉰 생명력을 함유한 피를 몸 안의 모든 세포들에게 공급하기 위해 심장을 사용하기도 한다. 피와 섬유 조직과 털과 뼈를 만들기 위해 음식물을 소화시키고 흡수하는 위장도 마찬가지이고, 다른 기관들 역시 마찬가지이다. 권능의 그 힘은, 생각하고, 말하고, 인간이 하는 모든 움직거림을 위해, 머리를 사용하고, 혀를 사용하고, 손과 발을 사용한다.

이 힘이 바로 인간 안에 '존재하고 있고' '살고 있는' '나의 의지'이다. 그러므로 어떠한 인간이든 그는 바로 '나'이고, 어떠한 일을 하든 그 일은 '내가' 하는 것이며, 그대가 무슨 말을 하고 무슨 생각을 하든 그대의 몸을 통해 생각하고 말하는 이는 바로 '나'인 것이다.

그대는 이런 말도 들어 왔다. 그렇게 '내 숨결'이 불어넣어지고 난 후, 인간에게는 지상의 모든 왕국을 다스릴 지배권이 주어졌노라고. 이 말의 의미는 무엇일까? 인간은 지상과 바다와 대기와 에테르의 군주로서, 살아 있는 뭇 존재들의 주인으로서 창조되었다는 뜻이다. 그러니 이 왕국의 뭇 존재들은 인간의 의지에 복종하고, 그를 따라야 한다.

본래부터 그렇게 된 것이다. 왜냐하면 인간의 의식 안에서, 모든 의식의 안에서, '나'는 언제나 '나의 의지'를 표현하고 있기 때문이다. 마찬가지로, 인간의 몸의 지배자이자 군주인 '나'는, 의식 있는 모든 생물의 군주이자 지배자이다. 모든 의식이 '나의 의식'이고, 생명이 있는 곳에는 어디나 '나의 의식'이 살고 있기 때문에, 또한 생명이 없는 물질은 존재하지 않기 때문에, '나의 의식'은 어디에나 없는 곳이 없다. 땅 속에, 물 속에, 공기 속에, 불 속에, '나의 의지'가 없는 공간은 없다. 사실 '내 의식'은, 인간이 소위 '공간'이라고 부르는 것과 동일시 될 수도 있을 것이다.

그러므로 모든 의식 안에 잠재된 존재로서의 '나의 의지'는, 어느 곳이든 미치지 않는 데가 없어야 한다. 마찬가지로, '나의

의지'가 결집된 상태라 할 수 있는 인간의 의지 또한, 어느 곳이든
미치지 않는 데가 없어야 한다. 모든 생물체의 의식은, 심지어는
그 자신의 몸 안에 있는 의식도, 인간의 지시와 통제에 복종하도록
되어 있다.

필요한 것이 있다면, 인간이 '깨어 있는 마음으로' 이를 아는
일뿐이다. '내가', '내면의 진정한 자아'가, 모든 생물들의 의식을
조종하고, 지시하고, 사용하고 있다는 것을 깨닫는 일만이 필요하
다. 목숨이 있는 한 언제 어느 때 어느 순간이든 말이다.

나는 이런 일을 인간의 '생각'을 통하여 행하고 있다. 인간의
'생각'으로 이런 일을 하고 있다.

나는 인간의 몸을 통하여, 인간의 몸과 더불어, 이런 일을
한다. 인간은 '자신이 생각한다'고 생각한다. 하지만 인간의 몸을
통하여 생각하는 자는 '나', 인간의 내면에 있는 '진정한 나'다.
'생각과 말'을 통하여 나는 인간이 행하는 모든 일을 성취하고,
인간과 그의 세상을 '있는 그대로' 지어 나간다.

인간이 생각하는 그런 세상이 아니라고 해서 달라질 건 없다.
그것들 모두가 '나의 의도'에 따라 '내가' 창조한 것이다.

'내가' 모든 생각을 다 하는 것이라면, 인간은 생각하지도 않고
생각할 수도 없는 것이냐고? 그대는 이렇게 항의한다.

그렇다, 그게 풀 수 없는 수수께끼처럼 여겨질 것이다. 그러나

그대가 주의 깊게 경청하기만 한다면, 신비가 그대에게 문을 열어 보일 것이다.

'내가' 그대에게, 그대 인간에게, 어떻게 생각해야 하는지 그 방법을 가르칠 것이므로.

6. 창조의 비밀
THINKING AND CREATING

나는 인간이 생각하는 것이 아니라, 인간의 내면에 깃든 '내가' 생각을 하는 것이라고 말한 바 있다.

나는 또한, 인간은 '자신이 생각한다'고 생각하고 있다고 말했었다.

분명 모순처럼 들리는 말이기에, 인간이 생각하는 것이 아니라는 것을, 자신이 생각한다고 추측할 뿐이라는 것을 그대에게 보여주어야 할 필요를 느낀다.

인간의 내면에 있는 내가, 그가 하는 모든 것을 한다. 하지만 그의 생물학적인 몸을 통해서, 그의 개성을 통해서, 그의 마음과 영혼을 통해서 그렇게 한다.

어떻게 해서 이런 일이 가능한지를 설명해 보려 한다.

무엇보다 먼저, 내가 그대를 '나의 형상과 모습에 따라' 지었음을 깨닫도록 애쓰라. 그대 안에 있는 '나의 현존'을 느껴 보도록 애쓰라. 그대가 이 사실을 알지 못해서 신이란 어딘가 밖에 있는 존재라고 믿는다고 해도, 그래서 우리가 서로 분리되어 있다고 믿는다고 할지라도, '내가' 그대 안에 있다는 것을 상상해 보라. 잠시만이라도 그렇게 해보라.

다음으로는, 그대가 생각을 할 때, 그대가 생각하는 것은 '참다운' 생각이 아니라는 것을 깨닫도록 하라. 왜냐하면 그대가 생각하는 것은 '깨어 있는' 생각이 아니기 때문이다. 그대는 '나'를 의식하고 있지 않다. 그대 안으로 흘러 들어오는 모든 생각과 사상의 감독자이고, 영감을 불어넣는 자인 '나'를 의식하고 있지 않다.

그 다음에, '내가' 그대 안에 있기 때문에, 그대는 나의 형상에 따라 닮은꼴로 지어졌기 때문에, 그래서 '나의 능력'을 모두 가지고 있기 때문에, 그대는 '생각의 힘'을 가지고 있음을 깨닫도록 하라. 그러나 생각하는 것이 곧 창조하는 것임을 의식하지 못할지라도, 그래서 그대가 '나의 신성한 권능'을 사용하고 있다는 것을 알지 못한다고 해도, 그대는 온 생애 동안 생각을 해온 것이 사실이다. 하지만 그것은 '잘못된 생각하기'였다. 그 동안 내내 '헛짚은' 생각들을 해온 것이다.

그대는 지금껏 잘못된 생각을 해왔고, 그래서 '나의 힘'을 잘못 사용해 왔다는 것을 알지 못했기 때문에, 나를 그대의 의식에서 멀리 멀리 분리된 존재로 만들어 버린 것이다. 그러나 그것 역시

'나의 의도'를 충족시켜 주는 일들이며, 장차는 그 모든 것이 명백해지리라.

그대가 잘못 생각해 왔다는 증거는 명백하다. 그대는 자신이 '나'로부터 분리된 존재라고 '생각한다'. 물질 세계에 살고 있으며, 살과 피로 지어진 몸을 갖고 있기에 고통과 쾌락을 피할 수 없다고 '생각한다'. 소위 마귀라 불리는 악의 세력이 '나의 의지'에 반하여 이 세상에 만연되어 있다고 '생각한다'.

그렇다, 그대는 이런 모든 것이 그렇게 존재한다고 생각한다.

적어도 그대에게는, 그것들이 존재한다. 죽어질 인간의 의식에는 만사가 그렇게 비친다. 그가 생각한 것, 그가 믿는 것 이상이 될 수 없다. 그의 생각, 그의 믿음이 곧 그의 세상 자체이다.

악이 존재한다고 믿는 이에게는 악이 나타나도록, 내가 그렇게 만든 것이다. 이것 역시 '내 의도'에 적합하고, 창조의 법칙을 만족시킨다.

진실인지 아닌지 한번 살펴보자.

어떤 것이 그렇게 존재한다고 그대가 '믿는다면', 그대에게는 그것이 정말로 그렇게 존재한다는 것이 사실일까?

죄나 악, 슬픔이나 괴로움, 걱정 따위가 그대에게는 진짜처럼 보이지만, 그것은 그대의 생각이나 믿음이 그렇게 만들었을 뿐이다. 다른 사람들은 그것을 아주 다르게 보고, 그대의 어리석음을 비웃을지도 모른다. 그렇지 않은가?

이러한 창조의 법칙이 만약 진실이라면, 그대의 몸과 개성, 그대의 성격과 주변 환경, 그리고 그대의 세상은 그대에게 그렇게 나타난 것일 뿐이다. 그대가 그것들을 지금의 상태가 되도록 생각해 온 결과인 것이다.

그러므로 세상이 그리 즐겁지 않다면, 그대는 동일한 과정에 의해 그것들을 바꿀 수 있다. 생각의 힘으로 그대가 바라는 세상을 만들 수 있다. 그대는 그렇게 할 수 없는가?

이러한 변화의 바람을 불러일으키기 위해서는 어떻게 해야 할까? 어떻게 해야 '진짜' 생각을, 의식적이고 깨어 있는 생각을 할 수 있을까? 그대는 묻고 있다.

먼저, '그대의 진정한 자아'인 나는, 그대로 하여금 기쁘지 않은 일에 의도적으로 주의를 집중하게 하여, 그것들이 그대에게 존재하는 것처럼 보이도록 만든다. 나, 오직 '나'만이, 그대 인간의 마음을 그렇게 준비시킨다. 그리하여 그대가 신앙과 믿음 안에서 내면의 '나'에게로 시선을 돌릴 때, 불만족스럽게만 보이는 일들의 실상을 그대에게 보여줄 수가 있게 되는 것이다.

인간의 마음을 유혹하여 지상에 묶어 두는 겉만 그럴듯한 것들을 그대에게 가져다주는 것이 누구인 줄 아느냐? 바로 '나'다. 인간의 마음에 물질로 나타난 것들의 덧없음을 그대에게 가르쳐주기 위하여, 인간의 이해가 얼마나 틀리기 쉬운지를 보여주기 위하여. 그대로 하여금 마침내 그대 안의 '나'에게로, '나의 지혜'를 향하게 하여 '오직 하나'이며 '유일한 해석자'이자 '안내자'인 '나'에게 귀를 기울이도록 하기 위하여.

그대가 그렇게 내면의 '나'에게로 방향을 틀 때, 나는 그대의 눈을 열어 줄 것이다. 이렇게 생각의 방향을 바꿀 수 있는 유일한 길은 어디에 있는가? 그대가 지금 이렇다고 생각하는 것들이 꼭 그래야만 하는 것은 아니라는 식으로, 그대의 자세를 먼저 바꾸어야 한다. 그대 안의 내가 깨어날 수 있는 첫번째 조건이 바로 이것이다.

아무리 불만족스러운 것이 있어도, 그래서 그것이 몸을 불편하게 하고 마음에 걸리더라도, 그것이 그대에게 장애가 될 수 있다는 생각을 멈추도록 하라. 그것이 나쁜 영향을 미칠 수 있다는 생각을 멈추도록 하라.

주인은 누구인가? 바로 그대의 몸이고, 마음이고, 그대 자신, 곧 그대 안의 '나'이다.

어찌하여 그대 자신이 주인임을 보여주지 않는가? 그대 안의 내가 그대에게 생각하기를 바라는 진정한 것들을 생각함으로써, 그대가 주인임을 보여줄 수 있지 않은가?

진정하지 않은 것들을 생각하고, 이런 조화롭지 못한 생각들이 그대 마음에 들어오는 것을 허용하고, 그럼으로써 그대는 거기에 힘을 부여한다. 그대를 매혹시키고, 그대에게 걸림돌이 되는 것이 있다. 그것이 그렇게 영향력을 행사하는 것은, 그대가 그러한 것들에 스스로 힘을 부여하기 때문이다. 진정하지 않은 것들에 힘을 부여하는 생각을 멈추고, 내면의 '나'에게로 방향을 틀어, 생각의 방향을 내가 가리킬 수 있도록 허용한다면, 진정하지 않은 것들은 그대의 의식에서 즉각 사라지게 될 것이다. '그대의 생각으로써' 창조된 그것들은 무(無)로 용해되어 버릴 것이다.

기꺼이 이렇게 하고자 한다면, 그때에야 비로소 그대는 '진리'를 받아들일 준비가 된 것이다. '나'에게 지시를 받는 '깨어 있는 생각하기'로써, 내면의 내가 창조하기를 바라는, 영원하고 진정한 것들을 창조할 준비가 된 것이다.

그대가 그렇게 진짜와 가짜를, 겉거죽과 알맹이를 분별할 수 있을 때, 그대의 '깨어 있는 생각'은 그대가 원하는 모든 것을 창조할 수 있는 역량을 지니게 된다. 과거에 그대가 '깨어 있지 못한 생각'으로, 한때는 원했지만 이젠 마뜩치 않게 여기게 된 그런 것들을 창조했던 것과 마찬가지로 말이다.

그대가 경험하는 세상이나 삶은 과거의 언제인가 그대가 실현되기를 원했던 것들이다. 의식하지 못한 가운데서, 그대는 스스로 바라는 것들이 작동되도록 창조의 힘을 부여해 버린 것이다.

그대는 자신의 마음이 어떻게 일하는지, 그 과정을 분석하거나 탐구해 본 적이 있는가? 실현 가능성 있는 새로운 생각들이 떠오르면, 그것이 어떻게 현실로 나타날 수 있는지, 그 과정을 연구해 본 적이 있는가?

마음속의 바람이 어떻게, 어떤 '생각하기'를 거쳐서, 마침내 실제적인 열매를 거두게 되는지, 탐구해 본 적이 있는가?

그 과정을 이제 탐구해 보도록 하자.

어떤 일이 실현되기 전에는, 언제나 생각이 앞서 존재한다. 그것이 실현될 필요가 있는지, 실현될 기회가 있는지에 대해서는 고려하지 않아도 될 것이다. 그 생각이 언제 시작되었는지, 안에서 왔는지, 바깥에서 왔는지는 문제가 되지 않는다. 왜냐하면 영감을 불어넣는 것은 언제나 '나'이기 때문이다. 특별한 계기가 주어질 때, 그대의 의식에 깊은 인상을 심어 주는 것은 바로 '나'이기 때문이다.

그때, 그대가 분주한 마음의 활동을 멈추고 얼마만큼 고요한 마음을 유지할 수 있는지 그 정도에 따라, 잡다한 생각들을 의식에서 추방하고 그 생각에 얼마나 초점을 맞추는지에 따라, 그래서 그 생각이 얼마만큼 지배력을 발휘하느냐에 따라, 나는 그대의 마음에 빛을 비추어 주고, 그 생각이 품고 있는 다양한 국면들과 가능성들을 그대 앞에, 그대의 내적인 응시 앞에 펼쳐 보인다.

그대 스스로는 아무런 용기를 발휘하지 않아도, 이런 일은 일어날 수 있다. 생각에 초점을 맞추고 집중하기만 하면 된다.

그대의 마음에 가능성의 전망을 보여주어, 그대의 관심 사항으로 떠오르게 되면, 그때는 그대의 인간적인 개성이 그 과업을 알아서 떠맡게 된다. 그대의 마음에 생각을 창조하고 영감을 불어넣었듯이, 그 생각을 여물게 하여 그대로 하여금 생각의 모든 가능성이 겉으로 나타나도록 실현시키겠다는 욕망을 품게 하는 것도 내가 그렇게 하는 것이다. 그런 욕망을 가지는 것이, '나의 의지'를 실현시키는 데 있어 세상을 사는 원동력인 것이다. 그것은 마치, 인간의 개성이란 것이 '전능한 힘'에 초점을 맞추기 위해 쓰여지는 세상적인 도구인 것과 같다.

그렇다, 모든 생각과 모든 욕망은 그렇게 '나'에게서부터 온다. 그것들은 '나의 생각들'이고 '나의 욕망들'이다. 내가 그대를 통하여 그것들을 실현시키기 위하여 그대 마음에, 그대 가슴에 불어넣은 것이다.

그대 자신만의 생각이란 것은 있을 수 없다. 나에게서 오지 않고서는 어떠한 욕망도 품을 수가 없다. 왜냐하면, '나'만이 존재하기 때문이다. 그러니 모든 욕망은 좋은 것이고, 그것을 흠 없이 이해했을 때, 빠르고도 완전한 성취를 맛볼 수 있다.

그대는 '나의 욕망'이라는 것을, 내면에서부터 불어오는 '나의 자극'을 잘못 해석하여, 그대 자신의 이기적인 목적으로 사용하려 들 수도 있을 것이다. 그러나 이기적인 목적으로 쓰이는 것이 허락될 때라도, 그것 역시 '나의 의도'를 충족시킨다. 왜냐하면 '나의 생각들'의 완전한 표현을 위해, 그대를 사심 없고 정갈한 통로(채널)로서 만들어 주는 것은, 그대로 하여금 '내가 준 재능'을 남용하게 하고 그런 남용이 가져온 고통을 경험하게 함으로써만 가능하기 때문이다.

우리는 먼저 마음에 생각을 품는다. 그런 다음엔 그 생각을 외부적으로 실현시킬 욕망을 품게 된다.

관계라는 게 그렇게 된다. 이제 실현되는 과정을 살펴보자.

생각의 그림이 마음에 펼쳐지는 명확함의 정도에 발맞춰, 생각이 나름대로의 개성을 소유하는 정도에 따라, 창조의 힘은 '욕망'에 추진력을 얻어, 일을 진행시킨다. 마음으로 생각을 품고, 그것을 그림으로써 일을 추진하는 것이다. 다시 말하자면, 내가 생각의 살아 있는 질료를, 물과 불과 바람과 흙이라는 초자아적인 질료를 마치 진공상태에 불어넣는 것처럼 불어넣을 수 있도록, 내적인 형상을 지음으로써, 생각은 마침내 현실에 모습을 드러내는 것이다. 침묵으로든 귀에 들리는 말로든, 의식적이든 무의식적이든, '말씀'이 선포되면, 이 질료는 즉각 물질화를 시작한다. 무엇보다 먼저 의식을 조종하고 의식에게 지시를 함으로써, 몸과 마음의 모든 활동에 방향을 줌으로써, 생각과 이어진 마음과 몸의 모든 활동에 지시를 내림으로써. 왜냐하면 모든 의식, 모든 마음, 모든 몸은 다 '나의 것'이고, 분리될 수 없는 '하나'이며, 모두가 개체를 뛰어넘어 존재하기 때문이다. 그것을 기억하라. 그렇게 주변 환경과 사물들과 사건들을 끌어들이고, 지시하고, 모양을 짓고, 틀을 만들어, 생각은 실제로 눈에 보이도록 모습을 드러내게 되는 것이다.

모든 것이, 모든 환경이, 일어나는 모든 일이 먼저 마음에 생각이 있고 나서부터이다. 마음에 '욕망'을 가짐으로써, '생각'을 함으로써, '말씀'을 선포함으로써, 생각은 마침내 눈에 보이는 모습으로 나타나게 되는 것이다.

이것을 깊이 생각해 보고, 스스로 증명하도록 하라.

그대가 원하기만 하면 얼마든지 할 수 있다. 생각을 품고, 앞서 이야기한 실현화의 과정을 따르기만 하면 된다. 그대가 이미 이루어 낸 일을 거꾸로 추적해 보는 것도 좋을 것이다. 그대가 그렸던 그림에 대해서라도 좋고, 그대가 발명한 기계에 대해서라도 좋고, 지금 살고 있는 환경이나 특별한 물건에 대해서라도 좋다. 그것이 어디에서 어떻게 나오게 되었는지 생각해 보라.

이것이 모든 '진정한 생각하기'의 과정이요, 계획이다. 모든 '창조'의 과정이요 계획이다.

들으라! 그대는 생각하기의 이런 힘을 통해서, 지상의 모든 왕국을 지배하고 있고, 지배해 왔다. 그대는 지금 이 순간, '생각하고' '말씀'을 선포하기만 하면 된다. 모든 것을 알고, 어디에나 동시에 존재하고, 전능한 힘을 갖는 그대의 진정한 자아, 그대 안의 나는, 생각의 열매를 맺게 할 것임을 '선포하라'. 그대의 힘을 실현시킬 말을 선포하라. 그대의 의지와 주의가 쏠리기를 기다리며 대기하고 있는 모든 물질의 보이지 않는 세포 의식에게도 선포하라. (그렇게 대기하고 있는 의식은 '나'의 의식임을 기억하라.) 그러면 그대가 '생각함으로써' 준비해 온 계획들이나 그림에 따라 그 모두가 즉각 복종하여 현실로 이루어줄 것이다.

왜냐하면 만물은 '말씀'에 의해 만들어지고, '말씀' 없이 만들어진 것은 아무것도 없기 때문이다.

그대가 이것을 깨닫기만 한다면, '그대 안의 진정한 나의 의식'은 모든 살아 있는 것들의 의식과 더불어, 심지어는 무생물의 의식과도 더불어, '하나임'을 알기만 한다면, 그래서 어떠한 의지이든 그것은 곧 그대의 의지와 더불어 하나이고, 그것은 곧 '나의 의지'임을 알기만 한다면, 그대의 모든 바람은 '나의 바람'임을 알기만 한다면, 그대는 그대 안의 '나'를 알고 느끼기 시작할 것이다. '나의 생각'의 '힘'과 '영광'을 알게 되리라. '나의 생각'은 그대를 통하여, 그대 개인을 뛰어넘어, 스스로를 영원히 표현하고 있음을 알게 되리라.

그러나 무엇보다 먼저, '생각하는 법'을 배워야 하고, 그대가 품고 있는 생각을 관찰하는 법을 배워야 한다. 어떻게 '나'에게서, 다른 누가 아닌 '나'에게서, 지시를 받는지를 배워야 한다. 그것이 무엇보다 필요하다. 생각의 근원을 거꾸로 거슬러 올라가, 원하지 않는 생각들을 의지에 따라 의식에서 몰아내는 법을 배워야 한다.

그리하여 마침내는 그대의 욕망들을 조종하고 활용하는 법을 익혀야 하고, 그래서 그대의 욕망이 그대를 위해 언제나 봉사할 수 있도록 해야 하리라. 그대의 바람, 그대 욕망의 노예가 되어서는 안 될 것이다.

그대는 그대 안에 모든 가능성을 품고 있다. 왜냐하면 내가 거기에 있기 때문이다. '나의 생각'은 표현되어야 하고, 그대를 통하여 표현되어야 한다. 나의 생각은 스스로를 완전하게 표현할 것이다. 그대가 부리기만 한다면, 그대의 인간적인 마음을 잠재우고, 모든 개인적인 생각들과 신념들, 견해들을 옆으로 치워 놓기만 한다면, 그래서 '나의 생각'이 흐를 수 있도록 허용하기만 한다면 말이다. 필요한 것이 있다면, '내면의 나'에게로 방향을 트는 일뿐이다. '나'에게 그대의 생각과 그대의 바람을 지시하도록 허락하는 것뿐이다. 내가 그대에게 무엇을 하기를 바라든, 그대는 그것을 받아들이고 행하기만 하면 된다. 그러면 그대의 바람은 실현되리라. 그대의 삶은 위대한 조화를 노래 부르게 되리라. 그대의 세상은 천국이 되고, 그대의 자아는 '나의 자아'와 더불어 하나가 되리라.

그대가 이것을 깨닫기 시작했을 때, 이 말의 속뜻을 곁눈질이나마 할 수 있을 때, 그대는 다음에 올 말씀의 진정한 취지를 손에 거머쥘 준비가 된 것이다.

7. 말씀
THE WORD

우리는 이제 '열쇠'를 손에 쥐게 될 것이다. 그대에게 방금 설명한 계획과 과정이 어떻게 하나일 수 있는지, 말씀이 존재상태로 들어오게 된 과정을 통하여 보여줄 것이다. 그대 자신과 그대의 형제자매들을 포함한 땅 위의 만물이, 땅과 땅 안에 존재하는 만물이, 어떻게 해서 나의 생각(이데아:생명의 표현을 얻기 이전의 상념체)이 겉으로 현현된 것에 지나지 않는지를 보여줄 것이다.

나, 창조주는 '본래의 사유자'이며, 오직 '하나'이고 '유일한 사유자'이다.

무엇보다 먼저 그것을 알라.

앞서 말한 대로, 인간은 생각하지 않는다. 그의 몸을 통해 말하는 것은 바로 '나'이다.

인간은 자신이 생각한다고 믿는다. 그러나 '내 안의 나'를 깨닫기 전에는, 그는 단지 내가 그의 마음에 불어넣거나 끌어오는 생각들을 취할 뿐이다. 물론 참된 의미와 목적을 잘못 취하기도 하여, 자신의 개성을 거기에 덧입혀 놓기도 한다. 그렇게 해서 생겨난 이기적인 욕망의 바람으로 인해, 스스로를 온갖 곤란과 고난에 빠뜨리는 것이다.

인간이 저지르는 이런 실수와 잘못, 덧칠하는 습성은, 인간이 자기 길을 가는 동안 극복해야 할 장애물일 뿐이다. 그러한 극복을 통해 인간은 몸과 마음을 강하고 정결하게 할 수 있으며, 자신의 '영혼' 안에서 영원히 일하는 '나의 이데아'를 완전하고도 의식적으로 충분히 표현할 수 있게 되는 것이다.

인간이란, 완전한 '나의 이데아'를 드러내어 표현하기 위하여 '내가' 그렇게 준비하고 있는 생물일 뿐이다. 인간은 몸과 마음과 지성을 지닌 개성을 제공하여, 이러한 이데아를 완전하게 표현하도록 해준다. 내가 생각하고 말할 수 있게 하는 뇌를 제공하여, 이데아를 겉으로 드러내어 표현하게 해준다.

나는 인간의 뇌 속에 이데아를 심는다(그것이 어떠한 이데아이든). 인간이 허락하기만 한다면, 그의 마음과 마음을 오가는 분주한 생각들을, 그의 가슴과 가슴에서 일렁이는 욕망의 바람들을 '나'에게 온전히 넘기고, 그 이데아가 완전히 성취되도록 '나'에게 허락하기만 한다면, 그 이데아는 자라고, 성숙하고, 신속히 여물어, 완전한 열매를 맺게 되어 있다.

나는 이제 그대의 뇌 속에, 그대의 마음속에, 하나의 이데아를 심고자 한다. 그대가 나에게 허락하기만 한다면, 그대를 통하여 그것이 성장하고 표현되도록 허락하기만 한다면, 그것은 자라고, 성숙하고, 여물어서, 그대를 기다리고 있는 '지혜'의 영광스러운 열매를 맺을 수 있으리라.

나를 드러내어 보여준 책 중의 하나인 '성경'에는 '말씀'에 관한 구절이 많이 나온다. 그러나 나의 본래 뜻을 이해하는 이는 극히 적다. 심지어는 학식이 높은 성경학자들조차도 그렇다.

그대는 이렇게 들었다.

"태초에 말씀이 계셨다. 말씀은 하나님과 함께 계셨고, 말씀은 곧 하나님이셨다. 그분은 태초에 하나님과 함께 계셨다. 모든 것이 그분을 통하여 창조되었으며, 그분 없이 생겨난 것은 아무것도 없다."

여기에서 나는 '나의 말씀'이 태초에 어떻게 존재하게 되었고, '말씀'이 어떻게 '나와 함께' 있었고, 어찌하여 말씀이 곧 '나 자신'인지를 밝히려 한다. 내가 어떻게 '나의 말씀'으로 만물을 지어냈는지를, 그리고 '나'와 '나의 말씀'이 없이는 지금 존재하는 만물이 왜 만들어지지 않았겠는지를 밝히고자 한다.

인간이 이해하기에, 하나의 말이란 하나의 '이데아'를 나타내는 상징이다. 다시 말하자면, 말이란 하나의 '이데아'를 대표하여 나타내고 표현한다.

그대 자신이 하나의 '말씀'이고, 하나의 '이데아'를 나타내는 상징이다. 그대가 만약 그것을 알아차리기만 한다면! 하나의 다이아몬드도 그렇고, 한 송이의 제비꽃도 그렇고, 한 마리의 말도 그렇다.

그 상징의 뒤에 숨어 있는 이데아를 분별해낼 수 있다면, 그대는 한 인간으로, 하나의 다이아몬드로, 한 마리의 말로, 한 송이의 제비꽃으로 나타난 그 속에서 그 실재를, 그 영혼을 알아보게 된다.

그러므로 앞의 인용 구절에 씌어진 것처럼, 하나의 말이란 아직 구현되지 않아 잠재되어 있지만, 이런저런 형상으로 표현되기를, 혹은 생각되고 말해지기를 기다리고 있는 하나의 '이데아'를 뜻한다.

태초에 나와 함께 있던 그 '말씀'이란 하나의 '이데아'였을 뿐만 아니라, 그대가 지상의 삶이라고 부르는 '새로운' 환경, 새로운 조건 속에 표현된 '나 자신의 이데아'이기도 했다.

이 '이데아'는 바로 '나'였고, '나의 자아'였다. 왜냐하면 그것은 내 안에서 아직 펼쳐지지 않은 채 잠재되어 있는 '나'의 부분이었기 때문이다. 왜냐하면 그것은 스스로 '이데아' 자체이자 '최초의 본래적 이데아'인 '내 존재'의 정수이자 질료였기 때문이다.

만물은 '나'에 의해 만들어졌다. '나의 이데아'가 생기를 불어넣는 행동을 취함으로써, 생각되고 말로 표현됨으로써 만들어진 것이다. 근본적인 원인이 되고 존재의 원칙이 되는 '나의 이데아'가 없이는, 이 지상의 삶으로 표현될 수 있는 것은 아무것도 없었고, 있을 수도 없다.

그러므로 '나의 이데아'는 지금도 펼쳐지고 있는 '과정'에 있고, 생각되어 겉으로 표현되고 있다(어떤 이들은 이를 진화라고 부른다). 봉오리가 가지에서 고개를 내밀어 마침내 꽃을 활짝 피울 때, 그 꽃은 무엇을 하는가? 꽃의 영혼 안에 숨어있는 '나의 이데아'가 내는 목소리에, 자신을 표현해 달라고 재촉하는 목소리에, 꽃은 자신을 온전히 내맡길 뿐이다. '나의 이데아'는 그렇게 표현된다.

그런 식으로 나는 표현을 위한 '나'의 매체들을 펼쳐 나가고, 진전시킨다. 그리하여 마침내는, 서로 연합하여 그들의 영혼에 '나의 이데아'를 완전하게 그림 그리게 한다. '나의 이데아'의 완전함이라는 영광 속에 파묻히게 한다.

나를 표현하기 위한 매체들은 그런 본성을 지니고 있기에, 다양한 형태의 다양한 언어들을 필요로 한다. 가장 단순한 것에서 가장 복잡한 형태에 이르기까지, '나의 이데아'를 표현할 거의 무한대의 '말씀'을 필요로 한다.

그러나 내가 '나의 이데아'를 완전하게 생각해 내게 된다면, 다시 말해 표현을 위한 다양한 매체들을 완성하게 되면, '나의 이데아'는 모든 '말씀' 안에서 빛을 발하게 될 것이다. 저마다의

'말씀'은 '나의 이데아'의 완전한 한 부분이 될 것이다. 모두가 다 그렇게 선택되고 정렬되어, 그들 모두가 '하나의' '말씀'이 되고, '나의 뜻'이 품는 숭고한 의미를 발산하게 되리라.

그리하여 모든 언어는 하나의 언어로 합쳐지고 녹아들게 되리라. 모든 '말씀들'은 '하나의 말씀'으로 합쳐지고 녹아들게 되리라. 왜냐하면 모든 매체들은 육신을 입게 될 것이고, 모든 육신은 '하나의' 육신이 되어, '나의 이데아', '나의 자아'를 '하나의 말씀'으로 완벽하게 표현하고, 그럼으로써 완전해진 매체가 될 것이기 때문이다.

이렇게 완전해진 '말씀'으로써 표현할 수 있는 능력을 갖게 되는 '나의 자아'는, 그 매체를 통해서, 그들의 개성과 몸과 마음과 지성을 통해서, 빛을 발하게 될 것이다. 말씀은 육신이 될 것이고, 육신으로서 존재하게 될 것이다.

이것은 무슨 뜻일까? 모든 '말씀'들은, 내면에 있는 '나의 이데아'가 갖는 재생의 힘으로, 육신을 통하여 진화할 것이라는 뜻이다. 육신을 영적으로 변화시키고, 순수하게 투명하게 만들게 될 것이라는 뜻이다. 그리하여 개성이란 단지 그 육신 안에 남아 있는 세상적인 성품에 지나지 않게 되어, '나의 자아'가 완벽하게 구현되어 충만하게 빛나는 것을 가로막는 훼방꾼으로 전락하고 말리라.

그리하여 모든 '말씀'과 모든 육신을 입은 존재들은 다시 한 번 '하나의 말씀'으로, 태초에 존재했던 그 '말씀'으로 융합 될 것이고, 그 '말씀'은 '영광의 태양'이나 '신의 그리스도'와 마찬가지로, 모든 창조된 육신을 통하여 밝게 빛나게 되리라.

이것이 '내 창조'의 '계획'이요 '의도'이다. 겉으로 표현된 만물의 '계획'이요 '의도'이다.

이제는 '나의 창조'의 '과정'을, '나 자신'의 '내 생각', '내 이데아'가 지상에 표현되는 과정을, 잠시나마 열어보기로 하자.

8. 바람이 불어오는 곳
MY IDEA

그대는 지구와 거기에 속하는 만물이 '나의 이데아'가 겉으로
표현된 것일 뿐이라는 이야기를 들었다. '나의 이데아'는 지금도
생각을 완벽하게 표현하는 과정이라는 것도 들었다.

그대는 또 '나의 이데아'야말로 창조된 만물에 책임이 있으며,
그대와 그대의 형제자매들을 포함하여, 겉으로 표현된 모든 만물
의 '원인'이자 '근거'이며, '최초의 본래적인 사유자'이자 '창조자'
인 '나'는 생각으로써 만물을 존재케 한다는 것도 들었다.

우리는 이제 태초의 그 '이데아'가 다양한 지구적 표현의 무대를
만나게 된 과정을 따라가 볼 것이다. '이데아'가 현재와 같이
표현되기까지, '내 생각'의 과정도 함께 살펴볼 것이다.

태초에, 새로운 '우주의 날'이 동터 오는 새벽에, '말씀'의 의식
이 이제 막 깨어나긴 했지만 여전히 우주의 밤이 가져다주는

적막에 덮여 있을 때에, '사유자'인 '나'는 '나의 이데아'를 품었다.

나는 '나 자신'의 이 '이데아'가, 소위 '지상적' 표현이라 불리는 새로운 환경 속에서, 모든 것을 다 아는 '나의 마음'의 거울 속에 완전하게 그림으로 그려지는 것을 보았다. 이 거울 속에서 나는 '실제의' 지구가 우주 가운데서 밝게 빛나는 것을 보았다. 지구는 완전한 별이었고, 거기에서는 '나의 신성한 본성'의 힘과 속성과 무한한 국면들이, '나의 의지'의 살아있는 '메신저들'이며 '몸'을 입은 '나의 말씀'인 '빛의 천사들'을 통해, 마치 영원한 '천상의 세계'에서와 같이 완벽하게 표현되고 있었다.

나는 '나의 자아'가 '본성'으로서 표현되고 있는 것을 보았다. '나의 생명'이 모든 '물질화'의 배경을 이루는 진화하는 '법칙'으로서 생생하게 표현되고 있는 것을 보았다. 나는 '신성의 창조적인 힘'인 '사랑'이 모든 '생명'의 배경을 이루는 생생하고도 활기찬 '힘'으로서 표현되고 있는 것을 보았다. 그러한 '사랑'을 완벽하게 표현하고자 하는 '나의 바람'이, '나의 이데아'를 탄생시키는 '진정한' 근원이자 이유로서 표현되고 있는 것을 보았다.

나는 이 모든 것이 '모든 것을 다 보고' '모든 것을 다 아는' '마음'의 거울에 비추어지는 것을 보았다. 그 마음의 거울은 만물의 '영혼'만을, 그들의 '실재'만을 비추고 보여줄 수 있었다. 그러므로 '나의 마음'에 그려져 내가 본 것은, '진정한 지구'의 모습이었다. 지구의 시작을, '우주적' 존재로 나아가도록 되어 있는 지구의 원대한 뜻을 본 것이다.

'나의 의식'은 모든 '공간'과 모든 '생명'의 내밀한 정수이다. 그것은 '모든 것을 다 알고' '모든 것을 다 포함하는' '내 마음'의 '진정한 본질'이다. 정보를 주고 생기를 주는 마음의 '중심점'은 어디에나 있고, 그 경계가 없다. '나의 마음'이라는 영역 안에서만 나는 살고, 움직이고, '나의 존재'를 가진다. '나의 의식'은 만물을 포함하고, 만물을 채우며, 그 모든 진동과 현현은 '내 존재'의 일부가 표현되어 나타나는 것에 지나지 않는다.

존재한다는 것은 겉으로, 밖으로, 표현되고 있다는 것이다. 표현되는 일이 없이 존재하는 것은 있을 수 없다. 그러므로 존재하는 모든 것인 '나'는, 밖으로 표현하고 있다. 지속적으로, 연속적으로 표현하고 있다.

무엇을 표현하는 거냐고?

'존재하는 모든 것이 나'라면, '나 자신' 이외에 무엇을 표현할 수 있겠느냐?

그대는 아직 '나'를, '나의 자아'를 볼 수도, 이해할 수도 없다. 그러나 내가 '이데아'로 영감을 불어넣어 주면, 그대는 이해할 수 있게 된다.

그러므로 존재하는 모든 것이 '나'라면, '나'에게서 지시를 받는 그 '이데아'라는 것은, '존재' 속에 있는, 혹은 '표현된 것'

속에 있는 '나의 자아'의 한 국면이거나 일부일 수밖에 없다.

어떠한 '이데아'라 할지라도, '나의 마음'이라는 영역 안에서 태어난 이상, 이미 보아 왔듯이, 즉각 하나의 '실재'가 된다. 왜냐하면 '나의 존재'의 영원함 안에서는 시간이 없기 때문이다. 하지만 그대의 시각으로 보면, '이데아'는 먼저 그 '이데아'를 표현하기 위해 '욕망'을 낳는다. 그리하여 '행동'은 '이데아'를 실제로 표현하는 열매를 거두는 것이다.

'나는 모든 것'이고, '만물'은 나에게 속하기에 나는 사실 아무런 '욕망'도 없다. 나는 열매를 거두기 위해, 그저 '생각'하고, '말씀'을 선포하기만 하면 된다.

하지만 그대 안에서 느끼는 '욕망'은 '나'에게서부터 온다. 왜냐하면 그것은 '나의 이데아'가 낳은 것이기 때문이다. 그대를 통하여 '나의 이데아'가 표현될 수 있도록 내가 그대의 마음에 '욕망'을 심어 놓은 것이다. 그대가 어떠한 '욕망'을 품든 그 근원은 '나'다. 나는 그대 마음의 문을 두드리고, 그대 안에서, 그대를 통하여, '나의 자아'를 표현하겠다는 '나의 의도'를 알려 준다. 그리하여 그 '욕망'이 가리켜 보이는 대로, '나의 자아'를 그렇게 특별한 형상으로 표현하게 되는 것이다.

인간의 개성이 품는 소위 '욕망'이라는 것은, '나의 의지'가 '나의 이데아'를 겉으로 표현하기 위하여 촉구하는 필요 행위일 뿐이다.

그대에겐, 내 안에 표현하려는 욕망이 있는 것처럼 보이겠지만, 그것은 단지 나 자신의 '이데아'가 스스로를 존재케 하려는 '필요성', 스스로를 표현하려는 '필요성'에 지나지 않는다.

그러므로 그대가 느끼는 모든 '욕망'은, 그대의 가슴에 부는 모든 '바람'은, '나'에게서부터 오는 것이며, 언젠가는, 어떤 형태로든, 성취되어야 할 필요성이 있으며, 반드시 이루어져야만 하는 것이다.

그럼에도 불구하고, 나는 모든 것이어서, 아무런 '욕망'도 없기 때문에, '나의 자아'를 표현하려는 '이데아'가 새로운 환경을 만나 태어나게 되자, 나는 그저 '생각'할 수밖에 없었다. 나는 '나의 이데아'와 '의지'에 집중하고 초점을 맞추어 그것이 표현되도록 했다. 성경에도 나와 있듯이, '창조적인 말씀'을 선포하자, '내 존재'의 '우주적 힘들'은 즉각 실행에 들어갔다. 우주적 힘들은 '나의 의지'에 집중함으로써 진동 상태에 들어가서, '내 마음'의 영원한 저장고에서 필요한 요소들을 끌어 모았다. 그리고는 하나의 핵심으로서의 '나의 이데아'와 더불어 이러한 요소들을 결합시켜, 소위 행성의 사념체(思念體)라 불리는 것으로 형상을 짓고 모양을 만들어내었다. 그리고는 거기에 '나의 생명의 질료(나의 의식)'를 채워서, '내 존재'의 모든 가능성을 부여했다.

'생각'의 이러한 작용은 단지 한 행성의 '사념체'를 활성화시켰을 뿐이어서, 그 모든 것이 아직은 불분명한 상태로 남아 있었다.

사념체는 이렇게 출발하긴 했지만, 내부에 있는 '이데아'의 추진력으로 인해, 결집된 '나의 의지'와 더불어, 틀을 만들고 모양을 갖추어 가면서, 점차적으로 '생명의 질료'인 다양한 요소들을 물질 형태로 고정시켜 나갔다. '나의 이데아'가 소위 지구별이라는 눈에 보이는 세계로 나타나 마침내 빛을 발할 때까지도, '나'를 품고 '나'를 표현할 수 있는 매체는 아직 나타나지 않고 있었다.

이것이 바로 내가 '생각'으로 준비했던 물질적인 몸이었다. 이 물질적인 몸 안에서는, '나의 이데아'를 알려주고 깨워 주기 위해서, '내 존재'의 '잠재적인' 본성이 이미 거주하고 있었다.

다음 단계는, '나의 이데아'가 갖는 여러 모습과 가능성, 그 힘을 표현할 수 있도록 길을 만들고 매체들을 준비시키는 것이었다.

광물계, 식물계, 동물계의 왕국으로 알려진 것들이 바로 그것이다. 이것들은 차례로 모습을 드러냈다. '나의 본성'의 다양성과 무한한 국면들이 더욱더 분명하게 표현될 수 있도록, 점차적으로 더 복잡하고 더 고등한 의식의 단계가 펼쳐져 나갔다.

성경에 언급된 바와 같이, '창조된 것들을 굽어보니, 보시기에 좋았더라'는 단계가 바로 이 단계이다.

그러나 최후의 궁극적인 표현 매체는 아직 남아 있었다.

이때까지는, '나의 본성'의 몇몇 국면이 완전하게 표현되긴 했지만, 아직은 '나'를 의식하지 못한 상태로 존재하는 매체들뿐이었다. 표현된 매체들은 마치 전선과도 같아서, 빛과 열과 힘을 전달하고 조절할 뿐이었다.

'나의 신성한 속성들'을 의식적으로 표현할 수 있는 매체를 창조할 시기가 무르익어 갔다. '나'와의 관계를 의식할 수 있을 뿐만 아니라, '나의 이데아'를 표현할 힘과 능력을 지닐 매체가 필요했다.

그대와 그대의 형제자매들이 인간 존재로 태어난 것은, 바로 이 시점에서였다. 그대가 그런 것처럼, 또 모든 다른 매체들도 비슷한 과정으로 그렇게 태어났듯이, '나의 집중된 생각'에 반응하여 그렇게 세상에 모습을 드러낸 것이다. 나는 '나의 집중된 생각' 속에서 '나의 속성들'의 무한한 다양성을 보았고, 저마다 독립적인 형상으로 표현된 모습들을 보았다. 각자는 '내 존재'의 특별한 몇몇 면모를 잘 드러내 주고 있었다. 저마다 '나'를, '창조자'이자 '표현자'인 '나'를 의식하고 있었다.

나는 완벽하게 표현된 '그대'를 보았다. 내가 지금 그대를 보는 것처럼. 그대의 '참자아'를, '나의 자아'의 한 속성인 '완전함'을 그대에게서 보았다.

실재에 있어서, 그대는 '빛의 천사'이다. '나의 생각'이 쏘아대는 '빛다발' 중의 하나이다. '내 존재'의 속성 중 하나이다. 지구적인 환경 속에서 혼이 불어넣어진 존재이다. 그대는 '나의 이데아'

를 최종적으로 완전하게 표현할 필요가 있어서 창조된 존재이다. 그 밖에는 다른 목적이 있을 수 없다('내 존재'가 필요로 했다는 것 이외에는, 다른 목적이 있을 수 없다).

'영원함' 속에서는 '시간'이나 '공간'이나 '개인성'이 존재하지 않는다. 그것은 단지, '마음'의 자궁에서 태어난 '생각'이 '물질'의 세상 속으로 들어왔기 때문에 생기는 현상일 뿐이다. 그래서 '시간', '공간', '개인성'의 환상들이 일어나는 것이다. '생각'이나 '창조물'은 바로 이런 환상 때문에, '사유자'나 '창조자'로부터 분리되었다는 의식을 습득하게 되는 것이다.

그리하여 그대는 그대 자신을 '나'에게서 분리된 존재로 생각하게 된 것이다. 그러나 이것은 그런 경향이 최초로 나타난 것일 뿐, 심각한 것은 아니었다. 나에게서 분리되었다는 생각이 굳어버린 것은, 오랜 세월이 지나서였다.

태초에, 그대가 그렇게 최초로 지구적 표현으로 들어왔을 때, '나의 집중된 생각'으로 내보내는 충동에 기꺼이 그대를 내맡김으로써, '나의 속성들' 중 하나인 그대는, '그대 자신'을 특별한 속성으로서 표현된 '나의 이데아'의 옷으로 휘둘러 감았다. 그대는 그 '이데아'에 활력을 불어넣어 주는 존재였다.

다시 말하자면, 그 특별한 속성을 표현하는 '나의 이데아'는, 이제 그대라는 특별한 '영혼'이 된 것이다. 그러나 그 '이데아'나 '영혼'이 그대 자신은 아님을 기억하라. 왜냐하면 그대는 '나'의

한 부분, 특별한 속성을 가진 그 매체를 통하여 표현된 '나 자신'의 한 부분이기 때문이다.

'그대의 자아'가 '나의 이데아'라는 옷을 입게 되었을 때, 이 '이데아'는 자기 존재의 필요성 때문에, 그 특별한 속성을 표현하는 데에 요구되는 '생각의 질료'를 즉각 끌어당기기 시작했다. 그리고는 '나의 형상과 모습에 따라' 만들고 짓기 시작했다. 그리하여 '성스러운 사원'이 된 것이다. '나의 신성한 속성들'의 하나인 그대가 거주하는, '나의 살아 있는 현존'으로 가득 찬 성전이 된 것이다.

'나의 형상과 모습에 따라' 지어진 이 '성전'은 '내 생각의 질료'로 이루어져 있고, '나의 이데아'라는 옷자락을 휘감고 있다. 이 성전이야말로 그대의 '진정한' 몸인 것이다. 그것은 파괴될 수 없고, 소멸할 수 없으며, 완전하다. 그것은 완성된, '내 생각'의 그림이다. 그것은 '나의 살아 있는 정수'를 품고 있으며, 그것을 외부로 표현할 수 있는 때를, 물질적인 형상을 입을 시기를 기다린다.

그러므로 이제 우리는 안다.

첫째, 그대라는 존재로 표현된 '나'는, '나의 신성한 속성들' 중의 하나이다.

둘째, '나의 속성들' 중 하나인 그대 자신의 내면에 있는 '나의 이데아'는, 지구적인 환경을 만나 표현된 '그대의 영혼'이다.

셋째, 그대를 그렸던 '나의 생각'은 '그대 영혼의 사원'으로 지어져 있다. 그대가 거주하는 거기에서는, '그대 영혼의 몸'이 산다.

이 세 가지는, 그대의 '신적이고 초자아적인' 부분을 나타내는 것들로, '불멸의 삼위일체'라 할 수 있다. '나의 형상과 모습에 따라' 지어진 그대는, 그러나 아직은 '나'의 잠재된 생각일 뿐, 명확하게 표현되지는 않은 상태였다. 그래서 그대의 인간적인 개성에 '불멸의 삼위일체'가 연결되지 못하고 있었다. 그대의 인간적인 개성은 아직 태어나지도 않은 상태였던 것이다.

9. 에덴 동산

THE GARDEN OF EDEN

　지금까지의 내용을 어느 정도로 파악했든, 이해하기가 불가능하다고 포기하지는 말라. 왜냐하면 행간마다에는 숨겨진 의미가 있어서, 그대가 탐구하면 할수록 의미가 더욱 분명해질 것이기 때문이다.

　이 메시지는 그대가 진정 누구인지를 일깨우기 위한 것이고, 그대의 '참자아'를 깨닫게 하기 위한 것이다. 이 메시지는 그대로 하여금 다시 한 번 '나'를, 그대의 '신적인 자아'를, 일깨워 주는 데에 있다. 그렇게 깨어 있게 되면 다시는 거짓된 자아에 속지 않게 된다. 거짓된 자아는 그렇게도 오랜 세월 동안 감각적 쾌락과 정신적인 방황, 감정적인 즐거움으로 미끼를 제공하여, 그대를 꼬드겨 왔다. 거짓된 자기 자신을 마치 그대의 본질인 양 상상하게 해왔다.

　그대는 거짓된 자아라는 것이 무엇인지 철저하게 알아야 할 필요가 있다. 그대는 '나'로부터 분리된 자기 자신이 존재하며,

그것이 자신의 참모습이라고 '생각'함으로써, 거짓된 자아를 창조했다. 그대가 그렇게 거짓된 자아에 힘을 부여하자, 그것은 그대를 유혹하고 기만했다. 그렇다, 그것은 그대 자신이 스스로 창조한 자아이다. 이기적인 자존심과 야망, 상상의 힘으로써 거짓된 자기 자신을 만들어낸 것이다. 거짓된 자아가 보여 주는 삶에 대한 집착, 소유에 대한 집착, 현명하거나 좋은 것에 대한 집착은, 그대의 인간적인 개성일 뿐이다. 그대의 그런 개성은 하나의 분리된 개체로서 죽어질 운명을 갖고 태어났다. 저 나뭇잎이나 구름이나 눈처럼, 실체도 없고 영원성도 없는 것이다.

그렇다, 그대는 이제 보잘것없는 그대의 개성적인 자아와 대면해야 할 때가 왔다. 인색하기 짝이 없는 이기심과 인간의 덧없음으로 똘똘 뭉쳐진 그 모습을 역력히 보아야 하리라. 그대가 '나'에게로 시선을 돌리고, 소박한 신앙과 믿음 속에서 요청하기만 한다면, 그대에게 그렇게 개성이라는 환상을 가리켜 보인 것은 바로 '나'라는 것을, 그대 안에서 언제나 그대와 함께하는 '무한하고' '초자아적인' 부분이라는 것을 그대는 알게 되리라. 개성이라는 환상, 그것은 그렇게도 오랜 세월 동안 그대로 하여금 '나'를, 그대의 영광스러운 '신적인 자아'를 의식하지 못하도록, 그대를 분리시켜 온 것이다.

이 '메시지'가 '나'에게서 비롯된 것임을 그대가 알아차릴 수 있을 때, 그래서 틀림없이 그렇다고 단정할 수 있게 되었을 때, 이러한 깨우침이 분명 그대에게도 다가오리라. 나는 그대에게,

그러한 결단을 내리도록 영감을 불어넣어 왔다. 때가 되면 그 모든 환상이 사라지게 되리라. 진리 안에서 '나'를 알게 되리라.

이런 추상적인 문장을 읽어 내려가면서 그대의 마음을 훈련시키는 것이 그대에게 해롭지는 않을 것이다. 그것은 그대의 마음이 필요로 하는 것이기도 하다. 여기에 씌어진 것과 같은 관념들이 외부에서 오는 것이라는 생각이 든다면, 그대는 아직 '나의 본뜻'을 잘못 짚고 있는 것이다. 그대 안에서 내가 영감을 불어넣어 줄 때라야 그대는 비로소 '나'를 인식할 수 있고, '나'를 올바르게 해석할 수 있다. 나는 그렇게 그대의 마음을 '사용하기 위해' 준비시켜 왔다. 더 많은 세상적인 지식을 얻기 위해서가 아니다. '나의 천상의 지식'을 받아들여서, 내가 그대에게로 이끄는 사람들에게 전해 주도록 하기 위해서이다.

'나'에게 기도하라. '그대의 진정한 자아'에게, 그대의 '하늘에 계신 아버지'께 기도하라. 그러면 참된 깨달음이 올 것이다. 이제 앞장의 내용을 이어갈 터이니, 주의 깊게 읽어 나가도록 하라.

우리는 '나의 이데아'가 펼쳐지는 과정을 살펴보던 중이었다. 그대 안의 '진정한 자아'인 내가 그대의 불멸하는 '영혼의 몸'을 입게 되었고, 그것은 '나의 생각'으로써 창조된 '이미지'에 의해 그렇게 되었다고 이야기했다. 이제 그 '영혼의 몸'은 실질적인 형상을, '나의 속성들'을 지상에 표현하는 데에 적합한 형상을 입을 준비가 된 셈이다.

정신적인 형상이 세상적인 형상으로 바뀌는 이 변화는, '생각하는 것이 창조하는 것'이라는 두루 통용되는 방식에 따라 이루어졌다. 여기에 대해서는 성경에도 문자적으로 묘사되어 있다. 나는 "땅의 흙으로 사람의 형상을 지었고, 그의 코에 생명의 숨결을 불어넣자, 사람은 살아 있는 영혼이 되었다."

좀더 설명하기로 하자. '나의 이데아'(그대의 '영혼')가 품고 있는 내면의 추진력은 여러 가지 생명의 질료들을 끌어당기기 시작했다. 원자에 원자가, 세포에 세포가 더해져서, 시간이 경과함에 따라, 실질적인 모습을 갖추어 갔다. 그대 '영혼의 몸'을 구성하는 '생각 이미지'의 법칙에 따라, 그렇게 세상의 겉모습이 형성된 것이다. 그러나 심령적인 감각으로 볼 때 그대의 세상적인 형상이 출현하게 된 것이지, 물리적인 감각으로 볼 때는 아직 이루어지지 않은 단계였다. 마침내 만물이 새로운 주기에 접어들게 되자, '나의 속성'인 그대에게는 코로 생명의 숨결이 불어넣어졌고, 그리하여 그대는 한 인간 존재로서, 살아 있는 영혼으로서, 최초로 지상에 그 모습을 선보이게 된 것이다.('나의 이데아'는 적절한 지상의 매개체를 통해 자신을 의식적으로 표현할 수 있게 되었다.) 그러므로 그대의 '자아' 안에는 나의 모든 '속성'이, 나의 모든 '권능'이, 나의 모든 '가능성'이 담겨 있는 것이다.

이로써, '나의 이데아'를 지상에 표현하기 위한 다양한 매체들이 모두 출현하게 되었다. '나의 속성들' 중 하나인 그대가 이러한 모든 매체들에 대한 지배권을 갖게 된 것은 자연스러운 일이었다.

그대는 그대의 힘과 가능성을 완전하고 충만하게 표현하기 위하여, 필요하다면 그러한 매체들 모두를, 혹은 어떠한 매체라도 활용할 수 있는 힘을 지니게 되었다.

이러한 방식으로, 그리고 단지 이러한 이유 때문에, 그대와 그대의 형제자매들은 인간의 몸을 입게 된 것이다. 인간의 형상으로 표현된 과정이 그처럼 전적으로 '초자아적인' 일이었으므로, 비록 자아 의식을 지니고 있긴 했지만, 그대는 여전히 내면의 '나'를 향해 영감과 길 안내를 바라고 있었다.

이것이 바로, 그대가 세상에 모습을 드러냈을 때의 첫 번째 상황이었다. '영혼의 몸'을 입고 깨어났을 때, 그대가 마주친 최초의 환경이었다. 그대가 소위 '에덴 동산'에 거주할 때의 일이다.

'에덴 동산'의 상태는, '초자아적 의식'의 세계인 천상의 모습을 상징한다. 죽어질 세상적 매체라는 한계를 갖고 있긴 했지만, 그대는 아직 '나와 하나인 상태'에 있었고, 그것을 의식하고 있었다.

내가 그대를 어떻게 해서 에덴 동산에서 '몰아내게' 되었는지에 대해서는, 왜 그럴 필요성이 있었는지에 대해서는, 자세히 말하지 않겠다. 하지만 '욕망'이 맡았던 역할과 '내 의지'와의 관계에 대해서는 그대에게 상기시켜야겠다. 그리고 어떻게 해서 그대의 관심이 외부적인 것으로 쏠리게 되고, 그래서 내면의 '나'를 잊게 되었는지에 대해서도 그렇다.

그대가 그 문제를 풀어서, 그대를 에덴 동산에서 쫓아내게 된 '나'의 이유를 다소나마 이해했을 때에야, 그대는 그대(인간성)를 그토록 깊은 잠에 빠지게 했던 첫번째 요인을 이해하게 될 것이다. (그대는 그 무렵 '우주의 한 날'이 끝나 가는 시점에 당도해 있었다.) 그리고 왜 그대가 깨어 있으면서도 꿈을 꾸는 듯한 상태로 들어갈 필요가 있었는지에 대해서도 알게 될 것이다. (하지만 사실 그대는 깊은 잠에 빠져 있었고, 지금도 여전히 자고 있다. 그날부터 이 시점에 이르기까지의 모든 것이, 지상에서 일어나고 있는 것처럼 보이는 모든 사건과 환경이, 사실은 하나의 '꿈'에 지나지 않는다. 그대 인간성이 내면에서 나를 온전히 인식할 수 있게 될 때에야 비로소, 그대는 그 꿈에서 깨어나게 될 것이다.) 또한, 그대가 왜 남성과 여성으로 나뉘어야 했는지, 적극적이고 사색적이고 공격적인 남성과 수동적이고 감성적이고 수용적인 여성으로 나뉘어야 했는지, 그 필요성에 대해서도 알게 될 것이다.

지상의 영향권으로 들어옴에 따라, 어찌하여 그대의 의식을 순수한 천상의 기쁨들에서 끌어내려야 했을까? 무슨 이유로 이 새로운 '꿈'의 상태에 그대의 의식을 붙들어 두어야 했을까? 그것은 세상적인 마음을 발전시키기 위해서였다. 세상에 내려온 마음이라면 자연스럽게 생겨나게 마련인 이기적인 성향을 통하여, 그대로 하여금 세상에 '나'를 표현한다는 그대의 지상적인 사명에 전적으로 집중할 수 있도록 하기 위해서였다.

이런 지상의 영향권 안에서, 소위 '이기심의 뱀'(나는 뱀의 모양이 그대 마음에 그렇게 보이게 했다)을 통하여, 수동적이고 감성적이고 수용적인 그대의 일부에게서 먼저 지혜가 생겨나게 되었다. 그 지혜란 바로 욕망이었다. 욕망, '내 의지'를 펼치기 위한 세상적인 도움을 주는 그것은, '나의 속성들'을 지상에 더 완전하게 표현하기 위한 힘과 동기를 부여해 주기 위해 존재하는 것이었다.

　　그대(인간성)에게 '욕망'이라는 마법을 걸어야 할 필요성은 어디에 있었을까? 그대의 '천상적인', 즉 '초자아적인' 본성이 깊은 잠에 빠지도록 하기 위함이었다. 그대의 '꿈' 속에서, '나의 의지'를 자유롭게, 그러나 무지하게 사용케 함으로써, 그대가 소위 '선과 악을 알게 하는 나무'의 열매를 따 먹도록 하기 위해서, 그로써 분별하는 지혜가 생겨서 그 열매의 정체를 알도록 하기 위해서, 그렇게 해서 얻은 지식을, '나의 이데아'를 현명하고 완벽하게 표현하는 데에 쓰일 힘을 얻도록 하기 위해서였다.

　　이쯤 되면, 꿈에 빠진 그대가 처음으로 이 과일을 먹고 선과 악을 아는 지식을 배움으로써, 어떻게 해서 이 거짓된 지상의 세계에 점점 더 몰두하고 집착하게 되었는지에 대해서도 이해할 수 있을 것이다. 그런 배움이 있은 후, 새롭고도 매혹적인 세계가 그대 앞에 펼쳐졌고, 그 모든 것의 배후에 있는 실재에 대한 지식에는 눈이 멀어 버린 것이다.

왜, 어떻게, 그대가 벌거벗었음을 알게 되었는지에 대해서도 이젠 이해할 수 있을 것이다. 지식에 눈을 뜬 그대의 일부가 그렇게 생각하고, 그렇게 느낀 것이다.

왜 '나'를 두려워하게 되었는지, 왜 '나'에게서 숨으려고 들었는지에 대해서도 알 수 있을 것이다. 그렇게 해서 그대는 그대의 의식 속에 '나'로부터 분리되었다는 느낌을 창조하게 된 것이다.

이젠, 왜 이 모든 일이 그렇게 되어야만 했는지, 왜 그대(인간성)는 '초자아적 의식'의 세계인 에덴 동산을 떠나야만 했는지, 그래서 이 '꿈의 세계'인 지상의 환상 속에서 '그대 자신'을 송두리째 잃어버려야만 했는지 이해할 수 있으리라. 그것은, '나의 완전함'을 충분하게 표현할 수 있는 개인 의식이나 자아 의식을 인간의 '몸' 안에서 계발시키기 위함이었다.

그리하여 그대의 인간적인 개성이 태어나게 된다. 그렇게 인간성이 태어난 이후로 나는 그대에게 그것을 기르고, 보살피고, 강화시킬 것을 재우쳐 왔다. 그대를 열망으로, 희망으로, 야망으로, 포부로 채워 줌으로써. 그렇게 다양한 '욕망'의 그림들로 그대를 채움으로써.

'욕망'이란, '나의 속성들'을 이 지상에 완벽하게 표현할 수 있는 매체를 준비시키고 계발시키고자 했던 '나의 의지'의 인간적인 모습에 지나지 않는다.

그래서 나는 그대에게, 에덴 동산에서 나가라고 말했고, '가죽

옷'을 입혔던 것이다. 다시 말하자면, 그대는 그로써 다른 동물들과 똑같은 '살가죽'을 갖게 된 셈이었다. 그대로 하여금 '지상의' 환경 속으로, 그 가운데로, '실제의' 지구 속으로 들어가도록 하기 위해서, '꿈' 속의 지구가 아닌, '나의 이데아'가 펼쳐지는 실제의 지구 속으로 들어가도록 하기 위해서 그렇게 한 것이다.

'나의 속성'인 그대는, '나의 이데아'를 적극적으로 삶 속에 펼치기 위해서, 그대의 꿈의 마당인 환경에 적응하기 위해서, 유기체적인 몸을 입고 옷을 걸치지 않으면 안 되었다.

그렇게 가죽옷을 입힘과 더불어, 나는 '나의 이데아'에게 이 지상의 표현 양식에 적합한 것들을 제공했다. 그대 자신의 한정된 몸을 통해서, '말'이라는 수단을 통해서, '그대 자신'을 표현할 수 있는 힘을 부여해준 것이다.

'초자아'의 세계에서는 말이 사용되지도 않고, 사용할 필요도 없다. '이데아'는 스스로 존재하고, 스스로 표현한다. 그것들은 단지 존재할 뿐이다. 왜냐하면, 이데아란 '내 존재'의 다양한 모습들을 가리키는 표현일 뿐이기 때문이다.

그러나 이 지상과 같은 환경에서는, 들을 수 있고 볼 수 있고 느낄 수 있고 맛볼 수 있도록, 모든 표현이 형상과 실체를 가지지 않으면 안 된다. 그 의미가 명확히 이해되기 위해서는. 그래서 표현하고 또 표현된 것을 이해하기 위해서 쓰여질 생물학적인 기관들이 제공되어야만 하는 것이다.

'나의 이데아'가 스스로를 펼쳐 보임에 따라, 인간은 에덴 동산에서 쫓겨난 이후, 급속히 '증가하고 불어났다'. '나의 이데아' 안에 살다가 '나의 자아'라는 '상념 이미지' 속으로 자리를 옮겼던 '나의 신성한 속성'이, '말'이라는 '지상의 형태' 속에서 겉으로 표현되던 시기의 일이었다. 이 무렵엔 '욕망'이라는 가면을 쓴 '나의 의지'가 '나의 뜻'을 표현하기 위해 그대 인간을 부채질하고 있었다.

자신들의 특별한 속성들을 보다 명확히 표현하기 위해 좋은 환경을 찾아 헤매던 인간들은, 점차적으로 지구 표면 위에 널리 흩어져 살게 되었다. 아울러, 만나는 모든 형태의 생명체 속에 잠재되어 있는 '지성'을 일깨우고 촉구함으로써, 그들이 갖고 있는 '나의 이데아'의 특이한 모습들을 더 충분하고 더 적극적으로 표현하게 했다.

그리하여 지상의 다양한 언어들이 꼴을 갖추어 갔고, 저마다의 언어는 수많은 단어를 보유하기에 이르렀다. 그것은, 내면에 물결쳐 오는 '나의 이데아'의 무한한 모습을 지상의 용어로 표현하려는 인간의 마음속 '욕망'에서부터 태어난 것이다.

인간의 마음이 '나의 이데아'를 말로써 표현하고자 애쓰면 애쓸수록, 더욱더 참담한 실패를 맛볼 뿐이었다.

모든 말들은 '하나의 이데아'를 나타내는 '상징'에 지나지 않고, 모든 이데아는, 그 성향이 어떠하든, 오직 '하나의 이데아', '나 자신'이 품고 있는 '나의 이데아'의 양상에 지나지 않는다. 때가 되면 그런 위대한 깨달음의 순간이 다가오리라.

또한, '나의 이데아'를 말로 표현하려는 모든 '욕망'은, '나의 의지'만이 유일한 영감의 원천이라는 깨우침 없이는, 헛되고 헛될 뿐이다. 마찬가지로, '나의 이데아'를 실제의 행동으로 표현하려는 모든 욕망은, 그대라는 인간의 개성에 대한 인식을 송두리째 잃어버리는 일 없이는, 그대 자신을 전적으로 내면의 '나'에게로 집중시키는 일 없이는, 아무런 열매도 거두지 못할 것이며, 실패와 좌절의 쓴맛만이 그대를 기다리고 있을 것이다.

10. 신기루

GOOD AND EVIL

그대가 지상의 임무에 본격적으로 들어서기 이전에 살았던 에덴 동산에는, '선과 악을 알게 하는 열매'가 열리는 나무가 자라고 있었다.

에덴 동산에 거주할 동안, 그대는 그 열매를 맛보지 않았기 때문에 아직 '초자아적'이었다. 하지만 '나의 의지'의 세상적 동인인 '욕망'에 굴복하여 그 열매를 따 먹은 순간, 그대는 타락하게 되었고, 에덴의 토지를 상실하고 말았다(껍질을 깨고 나오는 병아리처럼, 봉오리에서 피어나는 장미꽃처럼).

그리하여 그대는 새롭고도 낯선 환경에 놓여지게 되었다. 그대보다 차원이 낮은 왕국을 지배하여 그대가 원하는 모든 것을 조달했던 것은 옛일이 되어 버렸고, 이제 그대는 식량을 얻기 위해 땅을 경작하지 않으면 안 되었다. 빵을 얻으려면 이마에 땀방울을 흘려야만 했다.

이 지상적 임무를 떠맡은 이후부터, 그대는 지상의 환경에 충분히 익숙해져야 할 필요가 있었다. 그대가 이런 '꿈'을 꾸게 된 진짜 원인이자 근거가 되는, '나의 이데아'를 지상에 표현하는 일을 하기 위해서는, 마음을 계발하고 몸을 완전하게 만들어야 했기 때문이다.

그렇게 '초자아적인' 에덴의 상태에서 벗어나게 된 그대는, 이 지상이 펼치는 '꿈의 세계'의 유혹에 완전히 넘어가고 말았다. '욕망'이 앞장서서 그대를 이끌어 가도록 허용하고 말았기 때문에, 그대는 더 이상 사물의 '실재'를, 그 영혼을 볼 수 없게 되었다. 물리적인 육신의 옷을, 인간의 두뇌라는 세상적인 덮개를 입었기 때문이었다. 물리적인 육신이란 그대의 '영혼 의식'을 가리는 베일과도 같았다. 그대의 시야는 흐려지고, 그대의 마음에는 구름이 잔뜩 끼어서, '진리'의 빛이 더 이상 뚫고 들어올 수가 없었다. 인간의 이해라는 창문을 거치기만 하면, 만물은 거짓된 빛깔로 물들었고, 비틀리고 왜곡되었다.

이러한 '꿈'의 상태에서, 그대의 눈에는 만물이 마치 안개 속에서처럼 흐릿하게 보였다. 이렇게 만물을 가리는 안개로 인해, 그대는 그 '실상'을 볼 수가 없었다. 단지 흐릿한 겉모습만이 보일 뿐이었지만, 그대에게는 그것이 사물의 참모습인 양 여겨지는 것이었다.

그대는 만사를 이렇게 '꿈의 눈'으로 바라보았다. 활기를 띤

생물과 그렇지 않은 것들을, 그대의 인간적인 마음에 품는 모든 것들을, 심지어는 그대 자신의 '자아'와 그대를 둘러싼 그대의 다른 '자아'들을 말이다.

사물의 영혼을 보지 못하고, 단지 그것들의 희미한 그림자만을 바라봄으로써, 그대는 점점 이 그림자를 실제의 물질이라고 생각하게 되었다. 그대를 둘러싼 세상이 그런 진짜 물질들로 구성되어 있고 채워져 있다고 생각하게 되었다.

이렇게 만물이 안개로 휩싸인 것처럼 흐릿하게 보인 것은, '진리의 빛'이 그대 인간의 눈에는 보이지 않기 때문에 생긴 결과였을 뿐이다. 그대 인간의 지성이란 마치 불완전한 렌즈와 같아서, 만사를 이렇게 비틀어 놓고 뿌옇게 흐려 놓으면서도, 그런 것을 '진짜'처럼 보이게 한다. '꿈의 세상'에 펼쳐지는 신기루 같은 이런 환영들로 그대 의식을 끊임없이 분주하게 만든다.

그대의 지성이란 '욕망'의 창조물이고, 전적으로 '욕망'에 의해 조종된다. 지성이란, 영혼이 하는 일이 아니다. 다시 말하자면, 사물을 흐려놓는 이 안개라는 것은, '인간의 지성'이라는 '구름 낀 렌즈'라고 할 수 있다. 지성은 욕망에 의해 조종되는 것이기에, 내가 내면에서 영감을 불어넣거나 외부에서 끌어당기는 모든 이미지와 관념과 충동을, 그대의 의식에 거짓되게 그려 보이고, 거짓되게 해석한다. 그대의 의식이 깨어나서 그대 안의 '나의 이데아'가 그렇게 외부적인 표현을 바란다는 것을 알아차리는 과정에 있을 동안에는 모든 것이 그렇다.

이 모든 것을 내가 의도적으로 그렇게 해왔다. '욕망'이라는 도우미를 통하여, 그대를 지구적인 환경의 한가운데로 이끌어 가기 위하여.

'욕망'에 의해 불어넣어진 이런 잘못된 시각은, 숱한 헛짚음과 많은 고통을 야기했다. 그대는 점점 그대의 '참자아'에 대한, '나'에 대한, 내면에 있는 '초자아적 하나'에 대한 신뢰를 잃어 갔다. 사실, 그대는 '나'를 잊어버린 것이다. 그래서 어디에도 의지할 데가 없다고 생각하면서도 어디로 방향을 틀어야 할지 알지 못했다. 그러나 그것은, 그대의 신성한 영토에 대한 기억을 잃어버리고, 그대의 의식을 이 모든 지상적 환경에만 집중했기 때문이었다.

그러나 왜 그런 일이 일어났던가? 그대의 인간적인 몸과 의지를, 그대의 모든 능력을 계발시키기 위해서였다. '나의 신성한 이데아'를 지상에 완벽하게 표현할 수 있으려면, 그대의 몸을 강하게 단련시켜야 했기 때문이었다.

실수와 고난을 겪으면서 그대에게는 구원을 바라는 '욕망'이 생겨났고, 그 '욕망'은 그대 마음에 '악에 대한 관념'을 솟아나게 했다. 마찬가지로, 이런 고통이 없을 때면, '욕망'은 '선에 대한 관념'을 불어넣어 주었다.

그대는 겉으로 나타난 모든 것들과 모든 환경 조건에 선과 악의 특질을 부여하기에 이르렀다. 그대의 '현실' 속에서, 그대의 인간적인 개성 안에서, 인간의 몸을 입은 '나의 자아'의 현실 속에서, '나의 세속적 대리인'인 '욕망'을 만족시키느냐 그렇지 않느냐에 따라, 그대는 선과 악을 나누고 분별하게 된 것이다.

그대가 발을 들여놓은 이 모든 삶의 조건과 경험들은, 기쁠 때는 '선'으로 보이고 불쾌할 때는 '악'으로 보였던 이 모든 경험들은, 그대 안에 있는 영혼의 능력을 계발하기 위해 '욕망'에 의해 창조된 사건들이었을 뿐이다. 그대 안에 '내가' 그대의 의식에 새겨 놓기를 바랐던 '진리들'을, 그대가 알아차릴 수 있도록 하기 위함이었다.

'악'으로 보였던 것들은 '선악을 알게 하는 열매'의 부정적인 측면이었다. 그것은 언제나, 매끈한 외모와 처음 맛보았을 때의 달콤함으로 그대를 유혹하여, 실컷 먹고 질리도록 만들었다. 그것이 결국엔 해를 끼친다는 것을 알고는 저주를 퍼붓고, 마침내는 환멸을 느낄 때까지. 그리하여 마침내 고개를 떨구고 나에게로, 그대의 '진정한 자아'에게로 돌아서도록, 그대를 위해 봉사했던 것이다. 그런 과정을 거친 후에야 비로소 그대 안의 '진정한 자아'는, 이렇게 새로워진 의식으로, 그 과일의 '정수'를 뽑아내어 그것을 영혼의 질료와 조직에 합류시킬 수가 있었다.

마찬가지로, '선'으로 보였던 것들은 그 과일의 긍정적인 측면이었다. '선의 열매'가 자신을 밀어올려 표현하려 했을 때, 그대는 그 충동을 알아보고 거기에 순종했고, 그럼으로써 그대는 그 열매가 가져다준 행복감을 즐길 수가 있었다. '나'의 사랑 어린 영감과 인도를 따름으로써 그 은혜를 누릴 수가 있었다.

이런 모든 경험을 통해 '욕망'이 이끄는 대로 따라온 그대는, 그대의 인간적인 개성일 뿐이었다. 그대의 '참된 자아'가 그대의 개성을 그렇게 훈련시키고, 계발하고, 준비시켰다. '나의 이데아'를 표현하는 데 있어서 그대를 완전한 도구로 쓰기 위하여. 육신을 통해 '나의 이데아'의 완전함을 표현하는 길을 찾도록 하기 위하여.

'그대'가 이 모든 것을 한 것이다. 그대는 인간적인 개성으로 하여금 소위 '선과 악을 알게 하는' 열매를 먹게 했을 뿐만 아니라, 그 과일로 생계를 삼기까지 했다. 그대가 소위 '악'이라는 정체를 알아차렸을 때까지는. '악'을 먹고, '악'과 더불어 살면서, '악'의 안에도 소위 '선'의 씨앗이 담겨 있다는 것을 발견했을 때까지는. 그래서 그 씨앗을 뽑아내고, 들어올려, 따로 간직했을 때까지는. 그때 이후로, 그대는 알게 되었다. 선과 악이 실제로 존재했던 것은 아니라는 것을. 선과 악이란 외부의 상황을 다른 관점에서 바라보는 것일 뿐이며, 상대적인 용어일 뿐이라는 것을. 그대가 그토록 알고자 했던, 그토록 되고자 했던, 그토록 표현하고자 했던 진리의 실재성이, '내면의' 진리의 핵심이, 겉보기에 달리 나타난 것일 뿐이라는 것을.

그대는 그 이후로, 점차 껍질을 벗어 던지기 시작했다. 인간의 의식이라는 껍질을 한 켜 한 켜 벗겨 나갔다. 그대의 지성이 그대의 마음 언저리에 던져 놓았던 마법의 안개를 흩뜨리기 시작했다. 지성을 제압해 나가고, 조절해 나가고, 영적인 입김을 불어 넣고, 정화해 나갔다.

그대는 깨어나기 시작하고 있고, 여전히 남아 있는 얇은 껍질을 통해, 가끔씩은 만물의 내면에 있는 '나'를, '위대한 실재'를, 언뜻 얼핏 보기 시작하고 있다.

이 모든 시간 동안, 그대는, 모든 것을 다 아는 그대 안의 '진정한 자아'는, 이 모든 것을 의식적이고 의도적으로 해오고 있었다. 지상의 것들에 대한 지식만을 얻기 위해서가 결코 아니다. 그대의 지성이 그렇게 목청 높여, 권위적으로 주장했던 것과 마찬가지로. 그것은, 어두웠던 과거에 그대가 씨 뿌려 온 것들을 거두기 위함이었다. 그래서 '나의 완전한 이데아'를 지상에 나타내기 위함이었다. 그대가 지금 '초자아적' 영토에, '그대의 하늘 고향'에, '나의 완전한 이상'을 표현하고 있는 것과 마찬가지로.

기억하라. 그대는 그대의 개성을 뛰어넘어 존재하는 '위대한 나'라는 것을. '위대한 내가' 이 모든 일을 하고 있다는 것을. 겉모습을 끊임없이 바꾸는 존재도 '위대한 나'이지만, 영원히 그대 안에 변함없는 모습으로 깃들여 있는 존재도 '위대한 나'라는 것을.

사계절의 끝없는 흐름을 보라. 봄은 씨 뿌리느라 바쁘고, 여름은 따스한 열기로 만물을 성숙시킨다. 가을은 풍요로운 수확을 약속하고, 겨울은 서늘하고도 평화로운 여가를 안겨준다. 한 해가 가면 또 한 해가 오고, 삶이 다하면 또 다른 삶이 오고, 한 세대가 지나면 다른 세대가 온다.

이 그침 없는 계절의 순환은, 내가 불어넣는 대로 움직이는, '나의 이데아'의 들숨과 날숨일 뿐이다. '나의 본성'의 완전함을 겉으로 펼쳐 가는 과정에서, 지구를 통하여, '나의 속성'인 그대를 통하여, '나의 모든 다른 속성들'을 통하여, 들이쉬고 내쉬는 나의 호흡일 뿐이다.

그렇다, 나는 '그대'를 통하여 이 일을 하고 있다. 그대는 '나'를 드러내는 한 '표현물'이므로. '나의 속성'인 '그대'를 통해서만이, 나는 '나 자신'을 표현할 수 있고, 내가 '존재'할 수 있으므로. '나의 있음'은 곧 '그대의 있음'이므로. 그대는, 내가 '나 자신'을 표현하고 있는 것이므로.

도토리 안에 참나무가 깃들여 있는 것과 마찬가지로 나는 그대 안에 있다. 햇살이 태양인 것과 마찬가지로 그대는 곧 나다. 그대는 표현된 '나'의 한 모습이다. '나의 신성한 속성들' 중 하나인 그대는, 그대의 세상적인 개성을 통하여, '나'의 완전함을 영원히 표현하고자 애쓰고 있다.

화가는 자신이 그리고자 하는 완전한 그림을 마음으로 보지만, 붓과 물감이란 거친 매체를 가지고는 원하는 바를 충분히 그려낼 수가 없다. 자신이 본 이상적인 그림을 그대로 재현해낼 수가 없다. 그대 또한, '그대의 자아' 안에서 '나'를 보고 우리가 '하나'임을 알지만, '나'를 완전하게 표현해 내는 데에는 언제나 방해를 받게 마련이다. 그대의 인간적인 개성이라는 지상적인 재료의 불완전함으로 인해. 동물적인 몸과, 세상적인 덧없는 마음과, 이기적인 지성의 방해 공작으로 인해.

그럼에도, 그대를 통하여 '나 자신'을 표현하기 위하여 나는 그대의 몸과 마음과 지성을 창조했다. 나는 '나의 완전한 형상에 따라' 몸을 만들었다. 나는 '나'와 '나의 일'에 대한 정보를 전하고자 그대에게 마음을 주었다. 나는 내가 마음에 불어넣는 대로 '나의 이데아'를 해석하도록 하기 위해 그대에게 지성을 주었다. 그러나 그대는 몸과 마음과 지성이라는 인간적인 것들로 인해 갈래갈래 흩어지고 분산되어, '나'를, 내면의 '유일한 실재'를 잊어버렸다. 내가 그대를 통하여 항상 표현하고자 애쓰는, '나의 신성한 본성'을 잊어버렸다.

이제 머지않아, 그대의 몸과 마음과 지성이 더 이상 분산되고 흩어지지 않을 때가 오리라. 그대 안에 있는 완전함이, 영광 속에서, 모습을 드러낼 때가 오리라.

내가 그렇게 '나 자신'을 드러내 보일 때, 내가 드러내 보였던 것들을 '생명의 양식'으로 삼지 않는다면, 그래서 그것을 '삶' 속에 구현하지 못한다면, 나는 그대에게 예전보다 더한 축복을 내려줄 수가 없다.

11. 쓰임새

USE

지금까지 나는 그대에게 모든 것을 다 낱낱이 설명하지는 않았다. 그대를 위하여 늘 여백을 남겨두고자 했다. 그대가 나에게 요청해 왔을 때, 그래서 내면에서부터 솟구치는 영감을 받아들일 수 있을 때를 대비하여, 그리하여 '나의 신성한 이데아'를 계발하고 펼친다는 비전을 더 깊이 이해하고, 여기에 그려진 것보다 더욱 완전하게 '나의 이데아'를 표현할 수 있을 때를 대비하여.

숱한 방법으로 '나'를 나타내 보이는 '참된' 뜻을 그대에게 말하기 위해 내가 여기 존재한다면, 그대가 그 진실을 깨어있는 마음으로 경험하기 전에 그 의미를 가르쳐 준다면, 그대는 '나'의 말들을 믿지도 못할 것이고, 그 말들의 용도와 쓰임새도 이해하지 못할 것이다.

그러므로, '내가' 내면에 존재한다는 것을 그대 안에서 일깨워 보이기 시작함에 따라, 그대의 인간적인 의식을 나를 표현하는 '초자아적인' 통로로 만들어 나감에 따라, 나는 그대에게 '나의 이데아'의 실재를 점차적으로 드러내 보여주게 될 것이다. 그러면 그대로 하여금 나를 보지 못하게 했던 것들의 '환상들'이 하나씩 사라져 없어질 것이고, 그리하여 나는 그대를 통하여 '나의 천상적인 속성들'을, 인간의 옷을 입고 있는 '신성의' 완전함으로, 이 지상에 펼쳐 보일 수가 있으리라.

나는 지금껏 '나의 실재'를 언뜻언뜻 보여주었을 뿐이다. 그러나 그렇게 드러내 보여진 그만큼 분명해진 것이 있을 것이다. 이런 식으로 그대의 내면은 더욱 열려 갈 것이고, 지금 그대가 짐작하는 것보다 더 경이로운 풍경을 보여줄 것이다.

왜냐하면, 내면에 있는 '나의 이데아'가 육신의 껍질을 뚫고 솟아올라 마침내 완전하게 빛을 발할 때, 그대는 '나'를 예배하고 찬탄하지 않을 수 없게 될 것이기에. 그대의 인간적인 마음과 지성을 모두 벗어 던진 채, 이젠 '신'으로서의 마음과 지성을 품고서.

그대가 이 모든 것을 깨닫고 진실로 이해할 수 있으려면, '내가' 드러내 보여줄 수 있도록 그대와 그대의 인간적인 개성이 허용해야만 한다. '하나'이자 '유일한 원천'인 '내면의 나'에게로 고개를 돌림으로써, 그리고 어린아이 같은 단순한 마음과 신뢰하는 가슴을 지닌 채, 이리 재고 저리 재는 그대의 그릇을 텅 비워 '나'에게로 가져옴으로써.

그때에야 비로소, '나'의 채움을 방해하는 개인적인 의식이 아무것도 남아 있지 않아 '나'에 대한 의식으로 그대를 넘쳐 흐르도록 채울 수 있을 때에야 비로소, 나는 그대에게 '나의 참된 의미'의 영광을 가리켜 보여줄 수가 있다. 이 모든 '메시지'는 단지 그것을 위한 예비 작업일 뿐이다.

그럼에도, 그대가 이 모든 것을 다소나마 이해할 수 있는 시점에 당도한 것 같다. 내면에서 말하는 '내 목소리'를 알아들을 수 있도록 그대를 준비시키는 일은, 이제 충분히 이루어졌다.

그러므로 나는, '내가' 그대의 내면에 있다는 것을 그대가 이미 알고 있는 것으로 여기고, 그래서 이 책의 저자를 통해서 내가 말하는 '진리들'이란, 그대가 분명하게 직접적으로 받아들일 수 없었던 '나의 이데아'의 여러 모습들을 그대의 의식에 더욱 강렬하게 새겨두기 위한 것에 지나지 않다는 것을 이미 알고 있는 것으로 간주하고, 이야기를 진행시키고자 한다.

여기에서 그대에게 '진리'로서 가슴에 와 닿은 것들의, '나의 이데아'가 그대의 내면에서부터 표현하고자 고투해 왔던 것들의 확증에 지나지 않는다.

마음에 와 닿지 않는 것들은, 그대 자신의 것으로 소화되지 않는 것들은, 그냥 지나치도록 하라. 왜냐하면, 그대가 그것을 받아들이기를 아직까지는 내가 원치 않고 있다는 뜻이기 때문이다.

하지만 여기에서 내가 말하는 '진리'는, 하나도 내버려짐이 없이, 그대 마음에 가 닿기를 기다리며 여전히 살아 숨쉬고 있을 것이다. 왜냐하면 여기 적힌 모든 말들은 '나의 이데아'라는 막강한 힘으로 채워져 있기 때문이다. 그 안에 숨겨진 '진리'를 인식하는 마음에게는, 이 진리가 살아 숨쉬는 '실재'가 될 것이고, '나의 이데아'의 모습이 표현된 것으로 받아들여질 것이기 때문이다.

마음이라는 것은 모두가 다 '무한한 나의 마음'의 모습들에 지나지 않는다. '무한한 나의 마음'이 세상의 본질에 맞게 서로 다른 옷을 입고 나타난 것일 뿐이다. 내가 이 책의 저자라는 매체를 통해 그대의 마음에 말할 때, 나는 단지 '나의 세상적인 자아'를 향해 말하고 있는 것일 뿐이고, '나의 무한한 마음'과 더불어 생각하고 있는 것일 뿐이며, '나의 이데아'를 밀어올려 세상적인 표현으로 나타나게 하고 있을 뿐이다.

바로 그렇게, 그대는 '내 생각'을 생각하게 될 것이고, 내가 그대의 내면에서 인간적인 의식을 향해 직접 말하고 있다는 것을 의식하게 될 것이다. 그때가 되면, 그대는 '나의 속뜻'을 알기 위하여 더 이상 이 책을 읽을 필요도 없을 것이고, '나를 드러내 보여주었다는' 다른 책들을 뒤적일 필요도 없게 될 것이다(말해진 것이든, 씌어진 것이든).

'내가' '그대'의 내면에 없는 동안에는, 그래서 '내가' '그대'가 아닌 동안에는, 그래서 '그대'와 '내가' '하나'가 아닌 동안에는, 누가 그 안에 살고 있는 것인가? 누가 마음의 인식을 통하여 말을 하는 것이며, 누가 사물을 알아보는 것인가?

그대가 해야 할 것이 남아 있다면, '내 마음'의 '전체 의식' 안으로 걸어 들어오는 것뿐이다. 거기에서 '나'와 함께 사는 것뿐이다. 심지어는, 내가 '그대의 마음' 안에 있는 '나의 이데아' 속에서 사는 것처럼 보일지라도, 그때에야 비로소 만물이 지금 '나의 것'인 것과 마찬가지로 '그대의 것'이 된다. 그 모두가 '나의 이데아'가 겉으로 표현된 것에 지나지 않는다. 만물은 내가 '생각'으로써 그들에게 의식을 부여했을 때에만, 오직 그때에만 존재하게 된다.

그 모든 것은 의식의 문제일 뿐이다. 그대의 의식이 어떻게 생각하는가 하는 문제일 뿐이다. 그대가 존재한다고 '생각하기' 때문에, 오직 그 이유만으로, 그대는 '나'와 분리된다. 그대의 마음은 '내 마음'의 한 초점에 지나지 않는다. 그대가 그것을 단지 알 뿐이라고 해도, 그대가 '그대의 의식'이라고 부르는 것은 '나의 의식'이다. 그대는 그대 안에 있는 '나의 의식' 없이는, 생각할 수조차 없다. 호흡할 수도 없고, 존재할 수도 없다. 그렇지 않은가?

자, 이제 그대가 곧 나라고 생각하고 믿으라. 우리는 분리되어 있지 않다고, 우리가 분리되는 일이란 가능하지도 않다고, 생각하고 믿으라. 왜냐하면 '우리'는 '하나'이고, '그대' 안에 내가 있고, '내' 안에 '그대'가 있기 때문이다. 이치가 그렇다고 '생각하라'.

그것이 그렇다고 확고하게, 마음에 '그리라'. 그대가 깨어 있는 마음으로 그렇게 하는 순간, 그대는 '하늘'에 있는 '나'와 함께하게 된다. 진실로, 진실로 그렇다.

그대 자신이 스스로를 이런 존재라고 믿으면, 그대는 바로 그 '믿음'이 가리키는 존재가 된다. 그대는 그대가 그렇다고 '믿는' 바로 그 존재이다. 그대의 삶 속에서 '참된' 것은 아무것도 없다. 그것이 그렇다고 그대가 '생각하고' '믿음'으로써만, 그대에게 가치 있는 것이 된다.

그러니, 그대가 '나'와 분리되어 있다고는 더 이상 생각하지 말라. '나'와 함께 있다고 생각하라. '초자아적 영토'에서 나와 함께 산다고 생각하라. 거기에서는 모든 권능이, 모든 지혜가, 모든 사랑이, '나의 이데아'의 삼위일체적인 본성이, 그대를 통하여 표현되기를 기다리고 있다.

나는 여기에 대해 많은 말을 해왔다. 표현은 다를지 몰라도, 같은 것을 한 번 이상 말했던 것이 분명하다. 나는 의도적으로 그렇게 했다. '나의 속뜻'을 서로 다른 각도로 비추어 보여주었다. 그대가 마침내, '그대의 초자아적 실재' 안에 있는 '나의 신성한 초자아성'을 이해할 수 있도록 하기 위하여.

그렇다, 여러 가지 '진리들'을 반복해 왔고, 계속해서 반복할 것이다. 그대는 어쩌면 불필요한 일이라고, 지겨울 정도라고 생각할지도 모른다. 그러나 그대가 주의 깊게 읽어 나간다면, 내가 하나의 '진리'를 반복할 때면, 이미 말했던 것에 무언가를 항상 덧붙인다는 것을 알게 될 것이다. 그때마다 더 강하고 더 오래 지속되는 인상이 그대 마음에 새겨진다는 것을 알게 되리라.

이렇게 되면, 나의 의도는 이루어지게 되고, 그대는 머지않아 그 '진리'를 한 '영혼'으로서 깨달을 수 있으리라.

그대가 그런 감동을 받지 못하고, 그러한 반복이 쓸모없는 시간 낭비이고 말의 허비라는 생각이 든다면, 그것은 그대가 머리로써 읽고 있기 때문임을, 그래서 '나'의 참뜻을 조금도 이해하지 못했음을 알도록 하라.

그러나 그대가 이해의 경지로 들어서게 되면, 그대는 모든 단어를 사랑하게 될 것이고, 읽고 또 읽어서, 그대를 위해 비축해 두었던 경이로운 '지혜의 진주들'을 모두 받아들이게 될 것이다.

이 책이 주는 메시지는 그대에겐 단지 영감의 샘물이 되어줄 뿐이다. 그대로 하여금 '초자아적인' 영토에 발을 들여놓게 하는, 그래서 그대의 '하늘에 계시는 아버지'인 '나'와의 달콤한 친교를 나누게 해줄 문이 되어 줄 뿐이다. 그땐, 그대가 알기를 원하는 모든 것을 내가 가르쳐 주리라.

나는 지금까지 여러 관점에서 '초자아적인' 영토를 그려 왔다. 거기에 친숙해져서, 그대가 아무 실수 없이 그것을 다른 저급한 상태와 분별할 수 있도록, 그래서 깨어 있는 마음으로 '초자아적인' 영토 안에서 사는 법을 배우도록 하기 위해서 그렇게 한 것이다.

그대가 깨어 있는 마음으로 그 안에 살 수 있을 때, 그래서 언제 어디서나 '나의 말들'이 그대의 마음에서 이해의 불꽃을 일으킬 수 있게 되면, 내가 그대 안에서 그 동안 일깨워 온 능력들을 발휘할 수 있도록 허용할 것이다. 이 능력들로 인해, 그대는 만물의 '실상'을 점점 더 분명히 보게 되리라. 그대 주변의 모든 개성들 속에서, 아름답고 사랑에 넘치는 자질들뿐만 아니라 그들의 연약함과 실수, 단점들까지도 보게 되리라.

그러나 그대로 하여금 이런 실수와 단점들까지 보게 하는 이유는, 그대의 형제를 비판하거나 판단하도록 하기 위함이 아니요, 그대 자신의 개성 안에 있는 그런 단점과 실수를 극복해야겠다는 확고한 결심을 하게 하기 위함이다. 어찌하여 그러한가? 잘 들으라! 다른 사람들의 단점과 실수에 주목하여 비판을 가한다는 것은, 그대의 자아 안에 그런 단점과 실수가 여전히 남아 있다는 뜻이다. 그대의 자아 안에 그런 단점과 실수가 여전히 남아 있지 않다면, 그대는 다른 사람들의 단점과 실수에 대해서도 주목하지 않을 것이다. 그리 되면, 그대 안의 '나' 또한, 그대 자신의 단점과 실수를 보라고 호소할 필요가 없게 될 것이다.

이제 그대는, '내가' 그대에게 '모든 것을' 다 허락했다는 것을 깨달아야 한다. 나는 그대가 가진 모든 것, 그대의 존재 전체를 그대에게 허락했거나 그대에게로 끌어당겼다(그것이 선한 것이든 악한 것이든, 축복이든 고통이든, 풍요로움이든 가난함이든). 왜 그 모든 것을 허락했는가? '쓸모를 위해서'. 그대를 깨워, '나'야말로 '선한' 모든 것들의 '수여자'임을 알고 인식하도록 하기 위함이었다.

그렇다, 그대가 받아들인 모든 것은 저마다 쓸모가 있다. 그대가 그런 쓸모에 대해 알지 못한다면, 그것은 단지, 그대가 아직 모든 것의 '수여자'인 '나'를 알지 못하기 때문이다.

모든 것의 '수여자'인 '나'를 알 때까지는, 나의 그러한 면을 알지 못했음을 정직하게 인정해야 한다. 그대의 개성은, 내가 그대에게 준 많은 것들을 제거하려 들거나 그대 생각에 더 좋은 다른 것들로 바꿔치려는 노력으로 살쪄 왔다고 해도 지나친 말은 아닐 것이다. 그랬기 때문에, '그대의 진정한 자아'인 '나'야말로 모든 것의 '수여자'임을 알지도 못했고, 꿈조차 꿀 수 없었던 것이다.

아마도 그대는 이제야 알게 되었을지도 모른다. 나야말로 모든 것의 '수여자'라는 것을. 나야말로 그대의 세상과 그대의 삶 속에 있는 모든 것의 창조자이자 '내밀한 정수'라는 것을. 심지어는 이런 것들에 대해 그대가 취하는 현재의 태도조차도 '내가' 그렇게 만들었다는 것을.

그대가 바라보는 세상도, 세상을 바라보는 그대의 자세도, '내가' 창조하고 있다. 왜냐하면, 그대의 내적인 '완전함'이라는

'나의 이데아'를 표현하기 위해서, '내가' 그 모두를 사용하고 있는 과정에 있을 뿐이기 때문이다. '나의 완전함'인 '그대의 내적인 완전함'은 그대의 내면에서부터 점차 밖으로 펼쳐지게 되리라.

그대가 이를 더욱더 잘 깨달을수록, 사물의 진정한 의미와 그 용도가, 내가 가져다주는 경험들과 환경들이, 그대 앞에 비밀의 장막을 열어 보이리라. 왜냐하면 그때에야 비로소 그대는 '그대 안에 있는 나의 이데아'를 언뜻 얼핏 보기 시작할 것이기 때문이다. 그대가 그렇게 보게 될 때, 그대는 비로소 '나'를, 그대의 진정한 '참자아'를 알기 시작하는 것이다.

그대가 진정 '나'를 알 수 있으려면, 그대는 먼저 내가 그대에게 준 '모든 것'이 '선한 것'임을 배워야만 한다. 그것들은 저마다 '쓸모'가 있으며, '내가' 쓸모 있게 사용하고 있음을 알아야만 한다. 그대 개인적으로는 그것들에 대한 관심도 없고 그것들에 대한 권리도 없어서 그대에게 아무런 유익함도 주지 않을지 모르지만, 그것은 그대가 단지 그것들을 그렇게 사용하기 때문에 그렇다는 것을 알아야만 한다.

나는 아마도 그대를 통하여 아름다운 빛과 소리와 교향악을 연주하고 있는 것이리라. 인간의 용어를 빌리자면, 그것은 음악이나 시나 그림이 될 것이고, 그것을 듣거나 본 이들로 하여금 그대를 찬탄케 할 것이다.

나는 아마도 그대의 입을 통하여 아름다운 '진리들'을 말하고 있는 것이리라. 그대로 하여금 그것을 받아쓰도록 영감을 불어넣고 있는 것이리라. 그리하여 그대에게는 많은 추종자들이 생겨서, 경이로운 설교자나 교사로서 그대를 추앙하게 될지도 모른다.

나는 아마도 그대를 통하여 병으로 신음하는 자들을 고치고 있는 것이리라. 악마를 내쫓고, 눈먼 자를 보게 하고, 절름발이를 걷게 하고 있는 것이리라. 세상이 소위 기적이라고 부르는 숱한 경이로운 일들을 하고 있는 것이리라.

그렇다, 아마도 나는 그대를 통하여 이 모든 일을 하고 있는 것이리라. 그러나 그 어떤 것도 그대 개인에게는 아무런 유익함이 없다. 그대가 이 조화의 소리를 그대가 하는 모든 말 속에 담아내지 않는다면. 그래서 그 말을 듣는 모든 이에게 천상의 달콤한 음악처럼 여겨지지 않는다면. 또한, 그대의 다양하고도 조화로운 균형 감각이 그대의 삶 속에 고스란히 용해되어, 사람들의 의식을 고양시키는 생각으로 그대에게서 흘러나오지 않는다면. 그리하여 세상의 모든 것들 속에서 '나의 완전함'을 보게 하는 진실한 예술이 되어 주지 않는다면. '내 사랑의 힘'이 그대를 통하여 그들의 가슴 가슴마다로 흘러 들어가 그들을 깨워 줄 수 없다면. 그런 '내 사랑'의 힘이 담겨 있는 진정한 예술 작품이 되어 주지 않는다면. 그리하여 거기에 감추어진 '나의 이미지'를 그들이 내적인 비전으로 그릴 수 있도록 하지 않는다면.

마찬가지로, 어떠한 영예도 그대의 것이 될 수 없다. 내가 말하는 '진리들'이, 그대를 통하여 내가 하는 일이, 아무리 경이로운 것이라 할지라도. 그대가 매일, 매시간, 이 '진리'를 살고, 이 '진리'를 호흡하지 않는다면. 이 모든 일들을 '나'를, '나의 힘'을 상기시켜 주는 충실한 심부름꾼으로 삼지 않는다면. 그대를 위하여, '나의 사랑하는 자들'을 위하여, 모두를 위하여, 내가 항상, '나를 섬기는 데에' 쓸 수 있도록, '나의 권능'을 아낌없이 퍼부어 주고 있다는 것을 상기시켜 주지 못한다면.

그대에게, 그런 재능들 중 어느 것도 내가 준 적이 없어서 자신을 무가치하다고 생각하고, 그래서 나를 섬기는 그런 길들을 찾을 만큼 아직은 나아가지 못한 그대에게 말하노니,

그대가 진실로 그대 안에서 '나'를 알아보는 그만큼, 진실로 나를 섬기는 그만큼, 꼭 그만큼, 나는 그대를 들어올려 활용한다. 그대의 개성이 어떠하든, 그대의 단점이나 연약함이 어떠하든, 그대의 성향이 어떠하든 간에.

그렇다, 나는 나를 섬기는 길을 충분히 알지 못하는 그대에게조차 많은 경이로운 일을 하게 할 것이다. 그대의 형제들을 깨우고 촉구하여, 그대의 수준만큼 '나'를 알아보게 하는 일을 추구하도록 할 것이다. 나는 그대에게조차 그대가 만나는 많은 이들의 삶에 영향을 주고 감화를 주도록 할 것이다. 그대가 만나는 이들이 더 높은 이상을 가질 수 있도록 그들을 끌어올리고, 그들에게

영감을 주는 일을 하게 할 것이다. 그들의 사고방식과 태도를 변화시켜, 그들로 하여금 동료들을 향하게 하고, 궁극에는 '나'를 향하게 하는 일을 하게 할 것이다.

그렇다, 그대들이 어떠한 재능을 가졌든, 나는 나를 섬기는 길을 찾는 그대들 모두가, 공동체의 선을 위한 생생한 힘이 되어 주도록 할 것이다. 다수의 삶의 방식을 변화시키고, 그들의 야망과 열망을 다듬어 주고, 영감을 불어넣어 주고, 내가 정해 준 자리에서 세상적인 활동의 중심이 되어 서로에게 효모와 같은 존재가 되도록 할 것이다.

그대는 그때에도 여전히, 무지의 구름에 휩싸여 있을지도 모른다. 나를 섬기는 길을 여전히 갈망하고, '나'에게 더욱 가까이 다가가고 싶은 마음에 목말라 하고, 자신은 무가치한 일을 하고 있다고 생각할지도 모른다. '나'를 저 높은 곳에 올려놓고, 자신은 거기에 미치지 못하는 삶을 살고 있다고 생각할지도 모른다. 이러한 갈망과 목마름이, 사실은 '나의 영적인 힘'을 그대에게 퍼부어 주는 통로라는 것을 미처 깨닫지 못할지도 모른다. 그 길이 바로 온전히 '초자아적' 존재가 되는 길이요, 그대가 사용하고 있는 길이요, '그대 안의 내가' 사용하는 길이라는 것을, 그대의 가슴과 삶 속에서, '나'의 다른 자아들과 '그대'의 다른 자아들의 가슴과 삶 속에서, '나의 의도'를 성취시키기 위한 길이라는 것을 말이다.

그리하여, 그대가 이 모든 것을 깨달을 수 있을 만큼 성장해 감에 따라, 그대가 가진 모든 것을 '나'를 섬기는 데에 실제로 사용함으로써 그대의 의지를 증명하는 정도에 따라, 나는 점차 그대에게 나의 '초자아적인' 권능을, '나의 지혜'와 '나의 사랑'을, 깨어 있는 마음으로 사용할 수 있는 힘과 능력을 줄 것이다. '나의 신성한 이데아'의 표현물인 이 세상에서. ('나의 이데아'는, '그대'를 통하여 그 완전함을 나타내고자 영원히 고투한다.)

어찌하여 그러한가? 그러한 쓰임을 통하여, 봄에 뿌린 씨앗이 가을이면 결실을 맺듯, '나'의 영적인 능력을 깨어 있는 마음으로 사용할 수 있는 그대의 능력 또한 날로 발전될 것이기 때문이다.

그러므로 그대는 머지않아 알게 되리라. 그대의 인간적인 개성이란 것은, 그것이 갖는 능력이든 힘이든, 사실은 그대를 통하여 '나의 것'이 작동되고 있고 표현되고 있을 뿐인 그대의 그 개성이란 것은, 전적으로 '내가' 사용하기 위한 용도로서만 존재한다는 것을, 진정한 성공과 성취감이란, 그러한 쓰임새 이외의 다른 곳에서는 찾을 길이 없다는 것을 곧 알게 되리라.

어찌하여 그러한가? 그대의 인간적인 개성을 통해서만이 표현될 수 있는 '나의 이데아'를 완전하게 표현하기 위하여, 봄에 뿌린 씨앗이 가을이면 결실을 맺듯 그러한 쓰임새도 날로 능력을 불려가기 때문이다. 그 능력이란 '내가' 가진 모든 영적인 힘을 깨어 있는 마음으로 사용할 수 있는 능력이다.

12. 소울 메이트
SOUL MATES

이제는 내가 지금껏 그대에게 했던 말을 검증하는 시간을 갖도록 하자. 내가 모든 것의 수여자라는 점에 대해서는 저항하는 마음이 생길 수도 있으리라. 특별히 어떤 것들에 대해서는 예외로 두고 싶은 것들이 떠오를지도 모른다.

그대가 지금 서 있는 그 특별한 삶의 자리가, 혹은 그대가 종사하는 직업이, 그대 안에서 물결쳐 오는 '나의 이데아'를 표현하기에는 최적의 자리가 아니라는 생각이 들지도 모른다.

그렇다면, 그대는 왜 그 자리에서 벗어나지 않는가? 왜 그대가 선택하는 자리로 옮겨가지 않는가?

그렇게 할 수 없거나 하지 않는다는 단지 그 사실은, 그대가 서 있는 그 자리가, 적어도 지금은, '나'를 완전히 표현하는 데에 필요한 자질을 일깨워 주고 계발해 주는 최적의 자리라는 것을 입증한다. 그대 자신의 진정한 '자아'인 '내가', 그대가 거기에 남아 있기를 허락하고 있다는 뜻이다. 그대가 그 자리에 있음으로써 마음의 평화가 깨지고 그렇게 불만족스럽다고 해도, 바로 거기에 감추어진 '나의 의도'와 '속뜻'을 그대가 알아차릴 때까지는, 그 자리에 머물러야 한다는 뜻이다.

그대가 '나의 속뜻'을 알아차리고 '나의 의도'를 그대의 의도로 삼기로 결단을 내릴 때, 그때에야 비로소 나는 그대에게 그 자리를 떠나 그대를 위해 내가 마련해 둔 더 높은 곳으로 올라가게 할 것이다.

그대는 그대의 남편이나 아내가 불만스러울지도 모른다. 그대와는 잘 맞지 않는다고 생각하고, 그대의 '영적인' 깨달음을 도와주기는커녕 오히려 방해가 되고 손해만 끼치는 짝이라고 생각할지도 모른다. 그대는 은밀하게, 떠날 것을 고려하고 있는지도 모른다. 그대와 화음을 맞출 수 있는 짝을 찾아야겠다는 열망을 품고, 당신의 이상형에 더 가까운 사람을 찾아 헤맬지도 모른다.

뜻이 그렇다면, 물론 그대의 짝으로부터 도망칠 수도 있을 것이다. 그러나 그대는 알아야 한다. 그대 자신의 개성으로부터는 한 발짝도 도망칠 수가 없다는 것을. 그대의 내면을 울리는 '나의 목소리'에 깨어나기 전까지는, 그대는 '영적인' 짝을 찾겠다는 이기적인 갈망 속에서, 마음이 연출하는 망상 속을 헤매면서, 힘겨운 짝 찾기를 하염없이 계속해야 할지도 모른다.

왜냐하면, 그대 나름대로의 잣대를 발휘하여 찾아낸 마음에

드는 짝은, 그대의 개인적인 자존심을 살찌워 줄 뿐이고, '영적인' 힘을 구하는 그대의 이기적인 욕망을 키워줄 뿐이기 때문이다. 마찬가지로, 그대가 아직 '나의 초자아적 사랑'의 의식 안에서 살고 있지 못할 동안에는, 사랑스럽고 믿음이 가고 온순한 짝은 이기심과 자만심만을 북돋워 줄 것이다. 반면, 의심 많고 잔소리 많고 폭군 같은 짝은 그대에게 아직은 필요한, 영혼의 수행처를 제공해줄 것이다.

그대는 아는가? 그대의 진정한 소울 메이트는, 진실로 '하늘에서 온 천사'라는 것을. '나의 신성한 자아'의 속성들 중 하나인 그대가 그렇듯이. 하늘에서 온 천사인 그대의 짝은, 그대에게 와서 가르쳐 주리라. '나의 신성한 사랑'이 스스로를 표현할 수 있도록 그대 자신의 개성을 정화시켰을 때만이, 그대 마음에 장애가 되고 영혼에 불행을 가져오는 것들에서, 그런 조건들에서, 자유로워질 수 있다는 것을.

하늘에서 온 천사인 이 영혼이, '나의 자아'와 '그대의 참자아'의 다른 부분인 이 영혼이, 그대에게로 와서 '초자아적인 사랑'을, 다른 사람들을 보살피는 부드럽고도 사려에 넘치는 사랑을, 마음의 균형과 가슴의 평화를, 그대의 거짓된 자아를 고요하고도 확고하게 장악하여 그대의 닫힌 문을 열게 하는 그 사랑을, 그대를 통해 이 지상에 나타내줄 것을 열망하고 호소할 때에야 비로소, 그대는 자신의 이상형을 발견하고 알아볼 수 있는 가능성을 품게 되리라. 그대를 묶어 놓는 지상의 것들에 더 이상 사로잡히지 않고, 모든 신성한 아름다움 속에서 이 영혼을 볼 수 있을 때에야 비로소 가능하리라.

이상형은 분명 존재한다. 그러나 누군가 다른 사람의 개성이라는 바깥에서가 아니라, 오직 내면에만, 그대의 '성성한 반려자' 안에서만 존재한다. 그것이 바로 나다. 그대의 '더 높은', 불멸의 '참자아'이다. 내가 그대에게 보내주는 짝 안에서, 그대로 하여금 불완전한 듯이 여겨지는 것들을 보게 하는 이는 누구인가? 그대의 '완전한 자아', '나의 이데아'가 그렇게 한다. 그대의 개성을 통하여 세상에 나를 표현하고자 고투하는 '나의 이데아', 그대의 '완전한 자아'가 그렇게 한다.

밖에서부터 사랑과 연민을, 영적인 도움을 찾는 일을 그만 그칠 때가 올 것이다. 그래서 내면의 '나'에게로 전적으로 방향 전환을 하면, 불완전해 보였던 것들이 모두 사라지리라. 그리하여 그대는 새롭게 만난 이 '내면의 짝' 안에서, 에고를 넘어선 사랑의 반영만을 보게 될 것이다. 관대함과 신뢰와 다른 이를 행복하게 하려는 따뜻한 마음의 반영만을 보게 되리라. 그때에야 비로소 그대 자신의 가슴 속에서부터 진정한 사랑의 빛이 그칠 줄 모르고 흘러 나와, 사방을 밝게 비추어 주리라.

그대는 아직 이 모든 것을 믿지 못할 것이다. 그대는 여전히 의문에 사로잡혀 있다. 과연 내가, 나의 참다운 자아가, 내가 서 있는 여기 이 자리에 대해 전적으로 책임이 있단 말인가?

'참다운 내가', 나를 위하여, 나의 현재 짝을 선택했단 말인가?

물론 그것도 좋다. 모든 것이 명백해질 때까지는 그렇게 의문을 품는 것도 괜찮다.

그러나 기억하라. 그대가 '나'에게로 고개를 돌려, 신뢰로써 도움을 청하기만 하면, 나는 내면에서부터 더 많은 것들을 '직접', 분명하게 말해 줄 것이다. 왜냐하면, 그들이 필요로 할 때면 언제든지 내가 그들에게 필요한 것을 공급해 줄 것이라는 깊은 '믿음'으로 나에게로 고개를 돌리는 이들을 위해, 나는 언제나 '나의 성스럽고 성스러운 비밀'을 비축해 두고 있기 때문이다.

그럼에도 아직은 그렇지 못한 그대에게 말하노니, 그대의 참다운 자아가 그대를 여기에 놔두지 않았다면, 그대는 왜 여기에 있는가? 그대의 참다운 자아가 그대에게 짝을 제공해 주지 않았다면, 그대는 어떻게 그대의 짝을 만나게 되었는가?

생각하라!

나는, '모든 것'이며 '완전한 하나'인 나는, 결코 실수하는 법이 없나니.

그대는 말한다. 하지만 개성이란 것은 실수를 하게 마련이라고 그리고 개성이 짝을 선택했으며, 개성이 저지른 짓이기에 더 좋은 자리를 차지할 수 없었을 거라고.

무엇이, 누가, 그 개성으로 하여금 이 특별한 사람을 선택하게 했는가? 지금 여기 이 삶의 자리로 그대를 데려온 것은 누구인가? 누가 이 사람을 뽑아 올려 거기에 앉게 했는가? 누가 그대를 모든 나라 중 하필이면 이 나라에서, 세계의 숱한 도시 중 하필이면 이 도시에서, 하필이면 이 시대에 태어나게 했는가? 어찌하여 다른 도시가 아니고, 백 년 후가 아닌가? 그대의 개성이 이 모든 것을 했단 말인가?

그대 스스로 만족할 수 있도록 정직하게 대답해 보라. 그대는 '내가', 그대 안의 '신'이, 그대의 '참된 자아'가, 그대가 하는 모든 것을 한다는 것을, 그것도 아주 잘 하고 있다는 것을 깨닫게 되리라.

나는 '나의 이데아'를 표현하는 가운데, 그 모든 일을 한다. '나의 이데아'는 항상 그대를 통하여, '살아 있는 나의 속성'을 통하여, '완전하게', 겉으로 표현되는 길을 찾고 있다. '나의 이데아'는, 안에서는 '영원함' 속에 거하고, 밖에서는 '완전함'을 찾는다.

그대의 진정한 '소울 메이트'에 대해서 말해보자.

그대는 다른 사람들의 견해에 이끌려, 어딘가에서 '소울 메이트'가 그대를 기다리고 있다고 믿는다. 그러나 이젠 찾기를 그만두라. 왜냐하면, '소울 메이트'는 다른 누군가의 몸 안에 존재하는 것이 아니라, 그대 자신의 '영혼' 안에 존재하기 때문이다.

왜냐하면, 그대 안에서 완성되어야 할 것이 있다면, 내면의

'나'에 대한 그대의 감각뿐이기 때문이다. 그대 안의 '나'는, '나'를 알아주고 표현해 주기를 목청 높여 외치고 있다. 그대는 자신의 '신성한 반려자', 그대의 '영적인' 부분, 그대의 다른 반쪽인 '나'하고만, 오직 나하고만 결합되어야 한다. 그대가 이 지상에 내려오게 된 목적을 달성할 수 있기 위해서는.

이것은, 그대의 '초자아적 자아'와 아직 결혼하지 않은 그대에게는 풀 수 없는 수수께끼이리라. 그러나 의심치 말라. 그대가 '나'에게 백기를 들고 오는 날, 그래서 '나'와 결합하는 것 이외에는 어떠한 일에도 관심이 떠나 버리게 되는 날, 그때에야 나는 그대에게 내가 그토록 오랫동안 그대를 위해 비축해 왔던 '천상의 황홀경'을, 그 달콤함을, 그대에게 열어 보이리라.

13. 천상의 광휘
AUTHORITY

꼬리표를 감추고 보이지 않는, 지상에 표현된 '나의 이데아'의 의미를 찾고자, 그 수수께끼에 대한 설명을 찾고자, 아직은 책을 뒤적이고 싶은 욕망을 떨칠 수 없는 그대에게 말하노니,

물론 그렇게, 내가 보내준 충동에 따라 바깥으로 구하는 것도 좋다. '나의 이데아'가 표현하고 있는 것들의 의미에 대한 해석을 누군가 다른 사람들에게서 구하는 것도 괜찮다. 왜냐하면 그대가 상상하는 방식으로는 아닐지라도, 나는 그러한 탐구가 그대에게 유익함이 되도록 할 터이기 때문이다.

고대의 가르침이나 철학, 종교, 혹은 다른 민족의 철학이나 종교 안에서, 내가 그대에게 표현하고자 원하는 '진리'를 구하는 것조차도 좋은 일이다. 왜냐하면 그런 탐구가 적어도 해롭지는 않을 것이기 때문이다.

그러나 때가 오면 알리라. 다른 사람들의 생각과 다른 종교의

가르침이 아무리 진실되고 아름답다고 할지라도, 그대를 위해 만들어진 것은 아니라는 것을. 왜냐하면 나는 오직 그대만의 것이 될 가르침과 사상을, 그대를 위하여 비축해 왔기 때문이다. 그대가 받아들일 준비가 되었을 때, 그것을 그대에게 은밀히 전해 주리라.

다양한 종교와 철학과 종파 사이를 헤매며 가르침을 구하는 것이 지금은 흥미로울지 모르지만, 그 모든 것이 불만족스러워질 때가 불가피하게 닥쳐오리라. 종교를 세상에 퍼뜨린 자들이나 철학의 교사들이, 마치 자기들만의 소유물인 양하고, 또 너무도 권위적으로 묘사해 놓은 바람에, 영적인 성장이나 능력을 갖는 것이 그대에게는 아무래도 가까워지지 않는, 까마득한 일처럼만 여겨질 수도 있으리라. 그때에야 나는 그대를 깨우쳐 줄 것이다. 이 모든 책들이, 가르침과 종교들이, 본래는 '나'에게서 영감을 받은 것임을. 그런가 하면, 그들의 몫인 것처럼 보이는, 만인의 가슴을 여는 그 일을 나는 지금껏 해왔으며, 지금도 여전히 하고 있다는 것을. 그때에야 그대는 바깥에서 진정성을 찾는 일을 그만두게 되리니, 내면의 '나'에 의해서, 오직 '나'에 의해서만, 이끌림을 받고 가르침을 받은 '내 생명의 책'에만 그대의 탐구를 집중시키게 될 것이다. 그대가 진심과 열성으로 이렇게 한다면, 그대는 알게 되리라. 내가 그대를 한 종교의 '대사제'로서 선택했다는 것을. 그 종교가 비추는 영광의 빛은, 그대가 이미 이해한 것들을 그리워해 온 다른 모든 이들에게도 존재하게 되리라.

아득한 저 별들의 반짝임 속에도, 태양의 빛이 존재하는 것과 마찬가지로.

그대는 또한 깨닫게 되리라. 고대의 종교들이란 먼 먼 과거의 '내' 백성들에게 주어진 것임을. 다른 종족의 종교는 다른 종족의 '내' 백성들을 위한 것이며, 그대를 위한 것은 아니란 것을. 그들 종교 안에 있는 숱한 경이로운 것들을 그대에게 가르쳐 보여준다고 해도, 그것은 그들 가르침 안에서 '나'에 대한 단서를 더욱더 찾도록 그대를 고무시킬 뿐이라는 것을.

그대에게 말하노니, 이 모든 가르침들이란 그대와는 아무런 상관이 없는 과거의 것들일 뿐이다. 이를 알아차릴 수 있다면, 드디어 때가 온 것이다. 하고많은 지식들을 옆으로 치워 버릴 때가 온 것이다. 모든 가르침, 모든 종교, 모든 권위적인 것들을, '내가' 계시되어 있다는 다른 '외부적인' 책들이나 심지어는 여기에 적힌 '나'의 권위마저도 다 치워 버릴 때가 온 것이다. 왜냐하면 나는 그대에게, 그대의 '내면'에서 '나의 현존'을 의식할 것을 촉구해 왔기 때문이다. '외부'에 그 근원을 대며 권위를 내세우는 모든 가르침과 종교는, 그것이 아무리 고상하고 신성한 것이라 할지라도, 그대에게는 더 이상 영향력을 행사할 수 없기 때문이다. 그대 안에 있는 '나'에게로, 모든 질문에 대한 최종적인 권위자인 '나'에게로 고개를 돌리게 하는 하나의 방편으로서 쓰여질 때를 제외한다면 말이다.

그러니, 이미 지나가 버린 종교나 인간적인 지식이나 혹은 다른 사람들의 경험 속에서 도움과 안내를 찾을 이유가 어디에 있겠는가? '나'만이 줄 수 있는 것을 어디에 가서 찾는단 말인가?

지나간 모든 것은 잊어버리라. 과거의 것은 이미 죽은 것이다. 그런 죽은 것들로 그대 영혼을 짐 지울 필요가 어디 있는가?

그대가 과거의 것들에 머무르는 꼭 그만큼, 그대는 아직도 과거에 살고 있는 것이다. 과거의 것들은, '나'와는 아무런 상관이 없다. 나는 언제나 '지금', 영원한 현재 안에서 산다.

그대가 과거의 행위나, 과거의 종교나 가르침에 얽매이는 꼭 그만큼, 그대는 '나'를 가리는 구름을, 그대 영혼의 창 앞에 만들어 놓고 있는 셈이다. 그런 구름들은 그대로 하여금 '나'를 바라보지 못하게 한다. 그대가 그 어두운 그늘에서 벗어나 내면으로 발을 들여 놓을 때까지는, 그래서 '나의 초자아적 의식'의 '빛' 안으로 걸음을 들여놓기 전까지는.

'나의 초자아적 의식'은 어떠한 경계도 없으며, 만물의 무한한 '실재'를 꿰뚫는다.

마찬가지로, 미래에 대해서도 전혀 신경 쓸 것이 없다. 최종적인 완성을 목표로 미래를 늘 염두에 두는 사람은 과거에 얽매여 있는 것이고, 결코 자유롭게 되지 못할 것이다. 자기 행위의 결과를 먹고 자기 마음을 살찌우는 일을 그만둘 때까지는, 그래서 자신이 유일한 '안내자'인 '나'를 알아보고, 모든 책임을 '나'에게

떠넘길 수 있게 되기까지는.

그대는, '나'와 하나인 그대는, '지금' 완전하다. 언제나 완전했다. 청춘도 늙음도 알지 못하고, 탄생도 죽음도 알지 못한다.

완전한 존재인 그대는, 과거에 그대가 무엇이었든, 미래에 무엇이 되든, 아무런 상관이 없다. 그대가 보살펴야 할 것이 있다면 그것은, 영원한 '지금' 뿐이다. 걱정해야 할 것이 있다면 그것은, 지금 당장 그대 앞에 있는 문제일 뿐이다. '나의 이데아'를 지금 여기에서 어떻게 완전하게 표현할 것인가 하는 문제일 뿐이다. 내가 의도적으로 그대를 데려다 놓은 거기 그 자리에서 말이다.

이미 되어 버린 일인데, 어찌하여 그 모두를 뒤에 두고 떠나지 않는가? 어찌하여 과거를 질질 끌고 가는가? 어찌하여 그대 몸과 영혼에 짐을 지우는가? 살점이 이미 뽑혀 버린 빈 조개껍질에 불과한 것들을 왜 붙안고 가는가?

이 모든 것이 윤회에 대한 믿음에도 그대로 적용된다. 수많은 사람들이 그러한 믿음에 너무 얽매여 있다.

'완전한 존재', '영원한 존재'인 그대가, 전생이나 내생과 무슨 상관이 있단 말인가? '완전한 존재'가 자기 완성이란 것을 덧붙이는 일이 가능할까? '영원한 존재'가 영원함 속에서 나오는 일이 가능할까? 영원함으로 돌아가는 일이 가능할까?

'나'는 '있음' 자체이고, '그대'도 '있음' 자체이다. '나'와 더불어 '하나'인 '그대'는 항상 있어 왔고, 언제나 있을 것이다. '나의 이데아'를 표현한다는 오직 한 가지 목적을 위하여 '그대의 참자 아'는 '만물'의 몸 안에서 살고, '만물'의 몸 안에서 다시 태어난다.

인간은 '나의 몸'이다. 그 안에서 나는 살고, 움직이고, '나의 현존'을 갖는다. '나의 속성들'을 통하여, '나의 이데아'의 '영광스 러운 빛'을 표현하면서. 인간의 지성이라는 불투명한 면들과 그것 이 만들어낸 수많은 구름들 때문에, 그 '천상의 광휘'는 인간의 시야에 닿으면 희미해지고 비틀리게 된다.

그대('나'와 '하나'인)와 '나'는, 인간 안에서 다시 태어난다. 참나무가 그 나뭇잎들과 도토리들 안에서 다시 태어나듯이. 계절 이 가고 계절이 옴에 따라, 그들 수천의 도토리들과 참나무들에서 수천 그루의 참나무들이 다시 태어나고, 그 도토리들과 참나무들 은 또… 그렇게 다시 태어나듯이. 그렇게 세대가 가고, 세대가 온다.

그대는 자신의 전생을 기억한다고 말한다.

그런가? 정말 그렇게 확신하는가?

좋다, 확신한다고 해도 문제 될 게 무언가? 내가 '지금' 그대에게 표현하고 있는 '나의 속뜻'을 더 잘 이해하도록 하기 위해서, 그대에게 '나'의 과거의 '표현물들' 중 하나를, 그 '실재'를, 잠깐이 나마 볼 수 있도록 허용했다는 단지 그 이유만으로, 그대가 '나'로 부터 동떨어져 있었다는 보증은 되지 못한다. 그대가 그러한

표현을 하기 위해 '개인적으로' '나의 통로' 구실을 했다는 보증
말이다.

'나'는 모든 길을 통하여 표현하는 존재가 아닌가? '그대'는
'나'와 하나이지 않은가? '우리'는 표현된 모든 것들의 '생명'이요
'지성'이 아닌가? 그 성향이 어떠하든, 수명이 어떠하든, 종족이
어떠하든 문제가 되지 않는다.

그대가 과거에 실제로 그런 표현물이었다는 믿음이 그대를
즐겁게 한다면, 그것도 좋다. 그러한 믿음이 그대에게 유익함이
될 수 있도록 해주리라. 다음에 올 위대한 '깨달음'에 그대를
열어 놓는 그 정도만큼.

잠시 돌이켜보라. 그대는 너무나 매여 있다. 그대의 이기적인
욕망과 이기적인 구함으로, 그대의 개성은 아직도 손과 발을
과거에 묶어 둔 채로 있다. 모든 행위의 결과를 청산함으로써
구출되고 해방되어야겠다는 관점에서만, 미래를 바라본다. 탄생
과 죽음이라는 이 거짓된 믿음으로 그대의 마음과 지성을 물들이
고, 그러한 믿음만이 그대를 최종적으로 구원해줄 것이라고, 그것
만이 '나'와 결합할 수 있는 유일한 길이라고 믿는다. '우리의
영원하고도 항구적인 하나 됨'이라는, 그래서 '그대'가 원하는
어느 순간에도 그대 자신을 자유롭게 할 수 있다는 깨달음에는,
문을 닫아걸고 있다.

태어나고 죽는 것은 그대의 개성일 뿐이다. 몸 안에서, 이

지상의 삶 속에서, 더 머무르고자 고투하는 것은 그대의 개성일 뿐이다. 내가 그 몸을 더 이상 사용하지 않게 된 후, 다른 몸으로 돌아오기를 애써 바라고 추구하는 것은 그대의 개성일 뿐이다.

그대는 이 개성이라는 것에 스스로를 묶어 놓고 있다. 삶과 삶을 끝없이 접붙여 놓고는, 그런 견해로 유익함을 얻고자 추구하고, 그러한 미혹된 생각으로 그대의 마음을 분주하게 한다. 그대의 '신성한 불멸성'에, '전능한 지성'에 눈뜰 때만이, 그래서 개성이 빚어내는 모든 믿음과 견해를 기꺼이 던져 버릴 수 있을 때만이, 그대는 이런 그릇된 관계의 사슬에서 자유롭게 풀려날 수 있으리라.

그대는 진정 '마스터'이고, '왕'이고, '나'와 '하나'이다. '참자아'의 '왕좌'가 바로 그대의 자리이다. 그대의 개성에게는, 왕의 백성이요 하인이라는 원래의 자리를 돌려주라. 그래서 '내가' 시키는 자잘한 일들을 기꺼이 떠맡아 하도록 하라. 그럼으로써 '내가' 필요하다고 생각하는 일들에 쓸모 있고 가치 있는 도구가 되도록 하라.

14. 다리를 놓는 사람들
MEDIUMS AND MEDIATORS

'나'를 섬기겠다는 염원을 품고, 그대는 교회에 다녔고, 종교단체나 모임에 참여했고, 영적인 모임을 기웃거렸다. 그 성향이야 어떻든, 그대는 그런 일들을 돕고 지지하면서, 그것이 '나'를 기쁘게 하는 일이 되리라고 생각해 왔다. 그래서 결국엔 '나'에게 특별한 사랑을 받게 될 것이라고 기대했다.

그런 그대에게 말하노니, 잘 듣고 깊이 생각해 보라.

먼저, 나는 이미 그대를 마음에 들어한다는 것을 알아라. 왜 그러한가? 그대는 내가 촉구하지 않는 일은 아무것도 하지 않으며, 그대가 하는 일은 모두 '나의 의도'를 충족시키기 때문이다. 그대는 때로 자신이 '나의 소망'을 거슬러, 그대 자신의 욕망을 채우기에 바쁘다고 생각할지도 모르지만 말이다.

마찬가지로, 모든 사람들의 마음에 삶의 경험을 제공하는 것은 바로 '나'라는 것을 알도록 하라. 나는 몸을 마련하고, 가슴을 깨우고, 의식을 계발하려는 목적을 위해서만, 마음을 활용한다. 그래서 그들이 '나'를 이해할 수 있고, 그래서 '나의 이데아'를 표현할 수 있도록 한다.

나는 삶의 경험을 통해 '나'와 '나의 이데아'를 잠시 잠깐이나마 엿볼 수 있도록 마음에 영감을 불어넣는다. 나는 영감을 통해 많은 이들에게 말해 왔다. 그들은 '나의 말씀'을 받아 적어 책으로 펴내고, 다른 마음들에게 '말씀'을 가르쳐 주었다. 나는 받아들일 준비가 된 사람들의 가슴과 의식을 이 말씀들로 흔들어 깨워 왔다. 심지어는 '말씀'을 받아 적은 작가들이나 가르치는 교사들이 '나의 속뜻'을 진실로 이해하지 못할 때라도 다르지 않다.

내가 그렇게 '내 이데아'의 장막을 들춰보도록 영감을 불어넣은 사람들 중 많은 이들이 교사나 지도자가 된다. 내가 그렇게 하도록 한다. 그들은 교회와 단체, 모임을 조직하고, 자기들을 따르는 추종자들을 끌어들인다. 그럼으로써 나는, 그들의 입술에서 흘러 나오는 말을 통하여, '나'를 알아볼 준비가 된 사람들의 가슴과 의식을 흔들어 깨울 수 있었다.

그대 안에 있는 '초자아적인 하나'인 '내가', 이 모든 것을 한다. 교사들과 지도자들이 개인적으로 하는 일은 아무것도 없다. 그들은 단지, 내가 그들에게 끌어들인 사람들의 의식을 향해, '나의 이데아'가 자기를 표현할 수 있도록 통로로서 봉사할 따름이다.

왜냐하면 마음이라는 것은 단지 하나의 통로일 뿐이고, 지성이라는 것 또한 하나의 도구일 뿐이기 때문이다. 나는 '나의 이데아'를 표현할 필요가 있을 때에는 언제 어디서나 '초자아적'으로 그것들을 사용한다. 세상적인 마음과 지성을 지닌 인간은, 가슴이 깨어나서 '나'를 품을 수 있을 만큼 활짝 열리게 될 때에야 비로소, '나의 속뜻'을 의식적으로 이해할 수 있게 된다.

'나'를 섬기려는 바람을 품은 그대는, 가슴에 '나'를 품고 있다고 여겨지는 인물을 교사나 지도자로서 받아들였을지도 모른다. '내가' 그를 통하여 하는, 경이롭게 여겨지는 말을 듣고 그런 판단을 했을 것이다.

'나'를 기쁘게 하지 않으면 안 된다는 걱정과 우려 속에서, '나의 명령'에 복종하지 않으면 '나'를 화내게 할 거라는 두려움 속에서, 그대는 '지고한' 성직자로 자처하는 지도자나 교사에게 갔을지도 모른다. 그들을 통해 말해지는 '나의 메시지'가 그대에게 와 닿는다는 생각에서 그랬을 수도 있고, 믿을 만한 '마스터'나 '안내자'에게서 도움 되는 말이나 충고를 얻기 위해서였을 수도 있다.

그러나 결국엔 어떻게 되는가? 피할 수 없이 따르게 되는 환멸을 느끼고는 슬픔과 굴욕감에 사로잡혀, 그대는 다시 한 번 자신에게로, 내면의 그 '교사'에게로, '나'에게로, 그대 자신의 '진정한 자아'에게로 뒤돌아서게 된다.

그렇다, 그 모든 것은 기만이었고 허위였다. 그들은 그대의 열정과 헌신을 앗아가 버린다. 돈을 바치고 봉사를 한 것은 말할 나위도 없이, '나의 일'이라고 믿었던 그대 마음까지도 앗아가 버린다. 그들은 그 믿음을 훔쳐서, 자신들 개인의 힘을 강화하는 데 활용하고, 추종자들 사이에서 특권을 누린다. 그들은 또한, 그대들 각자에게 영적인 진보를 약속하고, 미묘한 달변을 먹여준다. 아름답고 지고한 영적 가르침이라고 하면서 영리한 궤변을 늘어놓아, 그대가 계속해서 그들을 지지하고 존경하고 영광스럽게 할 수 있도록, 그대를 자신들에게 꼼짝없이 묶어 둔다. 아무런 의심도 주저함도 없이 자신들을 믿고 따르지 않는다면, '내가' 좋아하지 않을 거라면서 그대를 으르고 협박하기까지 한다.

그렇다, 이 모든 것을 내가 허용한다. 왜냐하면 그것이 그대가 바라고 추구하는 바이고, '욕망'이란 진실로 '내 의지'의 도우미이자 대리자이기 때문이다.

그대는 어쩌면, 위에서 언급된 그런 유의 스승은 아니라고 생각하면서, 누군가에게 아무런 의심 없는 사랑과 헌신과 순종을 바치고 있는지도 모른다(보이는 존재든 보이지 않는 존재든). 그가 얼마나 진실되고 좋은 뜻을 품었고 얼마나 영적으로 현명한지는, 문제 될 것이 없다. 그대가 더할 수 없는 가치를 지닌 가르침과 안내를, 그렇게 여겨지는 것들을, 받아들이고 있다는 것이 중요하다.

그대가 찾고 있는 것들을, 자신에게 필요하다고 여겨지는 것들을 받아들이고 있는 한, 모두가 다 괜찮다. 좋은 일이다. 왜냐하면 그런 욕망을 만족시킬 수 있도록 내가 그 모든 것을 제공하기 때문이다. 그러나 알도록 하라. 그 모든 것은 헛되고, 그렇게 해서 찾아진 실제의 결과물은 보잘 것이 없다는 것을. 왜냐하면 영적인 성취를 위한 모든 욕망과 구함은 개성에 속하고, 그래서 이기적인 것이기에. 결국엔 실망과 환멸만이 남을 것이기에.

그대가 그 모든 것을 알아차릴 수만 있다면, 실제의 결과물로서 남는 것은 실망과 굴욕감밖에 없다. 내가 그대를 위하여 뚜껑을 열어보이고, 그리로 이끌었던 것이다. 누군가 인간의 몸을 입은 교사에게서 도움을 얻을 수 있다는 가능성을 읽는 이에게는, 대체로 그런 과정을 거치게 한다.

나는 의도적으로 그런 실망과 환멸로 그대를 이끈다. 다시 한 번 겸손해지고 어린아이처럼 순수해져서, 내면을 울리는 '나의 말씀'을 듣고 거기에 복종할 수 있도록 하기 위해서. 듣고 복종하여, '나의 왕국' 안으로 들어설 수 있도록 하기 위해서.

그렇다, 바깥에서 구하는 것은 늘 그렇게 막을 내린다. 그리하여 '나'에게로 다시 돌아오게 되는 것이다. 지치고 굶주려서, 아무것도 가진 것 없는 가난한 마음이 되어, '나의 가르침'에 기꺼이 귀를 기울이고, '생명의 빵'을 한 조각이라도 얻을 수 있다면 무슨 일이든 하려고 한다. 어리석음과 자기 기만 속에서 예전엔 그토록 멸시했던 그 빵 조각을 얻기 위해서라면, 그대의 고상한 '영혼'을 만족시키기엔 충분치 않다고 여겼던 그 '생명의 빵'을 얻기 위해서라면 무슨 일이든 마다하지 않는다.

그대가 만약 여러 가르침과 교사들을 충분하게 겪어 보았다면, 그래서 모든 '지혜의 원천'은 그대의 내면에 있음을 확신한다면, 이런 말들이 그대의 가슴에는 말할 수 없는 기쁨으로 와 닿을 것이다. 이런 말들이란 결국, 그대의 내면에서는 이미 진리라고 느꼈던 것들에 대한 확증일 뿐이다. 그렇지 않은가?

이를 아직 깨닫지 못하고 여전히 누군가 다리 역할을 해줄 사람이 필요하다고 여기는 사람들을 위해, 나는 십자가에 달린 그리스도의 이야기를 제공해 왔었다. 그대의 개성을 십자가에 달리게 함으로써, 그대와 '나'와 '하나'라는 의식 속에서 깨어날 수 있도록, 내가 바라는 삶의 모범을 그려 주었다.

그대가 그것을 충분히 견딜 수 있을 만큼 강하다면, 난 그대에게 말할 것이다. 그대와 '나' 사이를 잇는 다리 같은 건 필요하지 않노라고. 왜냐하면 우리는 이미 '하나'이기 때문이다. 그대가 그것을 알기만 한다면, 그대는 깨어 있는 의식으로 나에게 직접, '당장이라도' 올 수 있다. 그대 안의 '신'인 '나'는 그대를 받아들일 것이고, '나의 아들 예수'가, 그 '나사렛 사람'이 그러하듯이, 그대는 영원히 '나'와 함께 살게 되리라. 2천 년 전에 내가 표현했던 것과 마찬가지로, 언젠가 그대를 통해서 세상에 표현하려는 것과 마찬가지로, '나'는 지금도 '그'를 통해서 표현하고 있다.

자신들의 입을 통해서 내보낸 가르침에도 분명 미치지 못하는 그런 개성들을 통해서, '내가' 어떻게, 왜, 그렇게 아름답고 영적인 말을 할 수 있느냐고 의아해 하는 그대에게 말하노니,

나는 '나의 뜻'을 '초자아적으로' 표현하기 위해 모든 통로를 다 사용한다.

그 중 몇몇은 내가 다른 이들보다 더 좋은 매체가 되도록 예비했지만, 그렇다고 그들 개인적으로는 '나'에 대해 아는 것이 아무것도 없다.

그들 중 몇몇은 '나'를 더 잘 품을 수 있도록 내가 가슴을 깨워, '나와 하나'임을 더욱 잘 의식하게 되었다.

몇몇은 그렇게 '나와 하나'가 되어 '나'와 분리되었다는 의식을 더 이상 품지 않는다. 나는 '그들' 안에서 살고, '그들' 안에서 움직이고, '그들' 안에서 '나의 영적인 본성'을 표현한다.

지구상에 만물이 표현되기 시작한 초기 시절부터 나는 '나의 성직자들'과 '나의 예언자들'과 '나의 메시아들'을 예비하여, '나의 말씀'이 결국엔 육신이 된다는 '나의 이데아'를 세상에 펼쳐 나가도록 했다.

그러나 성직자나 예언자나 메시아를 통해 말하든, 어린아이를 통해 말하든, 그대의 가장 악랄한 적을 통해서 말하든, 그대에게

생생하게 와 닿는 모든 말들은, 그러한 매체의 기관을 통해서 그대의 영혼 의식에게, '그대 안의 내가' 말하는 것이다.

성직자를 통해서 이루어지는 '나의 말씀'을 듣기 위해서 많은 사람들이 몰려들 수도 있다. 그러나 듣는 이들의 의식 깊숙이 스며드는 생명의 말들을 성직자에게서 끌어내는 것은, 성직자가 아니라 바로 내가 한다. 그래서 듣는 이들 각자의 가슴에 메아리 치게 한다. 성직자는 자신이 말하고 있는 내용이 그대에게 그렇게 영향을 끼친다는 것도 알지 못한다. 자신이 하고 있는 말의 진정한 의미를, '나의 본뜻'을, 알지 못할 때조차 있다.

그 성직자 안에 있는 '나'는, 나에 대한 믿음과 헌신을 보고는 '영적인 힘'을 발휘하게 해주기도 한다. 그의 주변에 몰려든 사람들이 의식적, 무의식적으로 표현한 신앙심을 보고서 영적인 힘을 주기도 한다. 그렇게 나타나게 된 영적인 힘은 하나의 채널이나 연결선의 역할을 하고, 나는 그것을 통해, '나의 의미'를 이해할 준비가 된 사람들의 마음속을 건너다니고, 꿰뚫고 다닌다. 똑같은 단어들이 모두에게 똑같이 전달되는데도, 각 사람의 마음에 닿으면 서로 다른 메시지가 되어 버린다. 어느 누구도 '내가' '메시지'를 주고 있다는 것을 알지 못한다. 왜 그럴까? 그대 안의 '나'는, 그 말들 중에서 그대를 위해 의도된 의미를 선택하고, 그대의 형제자매들 안에 있는 '나'는, 그들 각자를 위해 의도된 의미를 선택하기 때문이다.

'나의 이름으로' 둘이나 셋이 모이는 곳에는, '내가' 항상 거기 있을 것이다. 왜냐하면 '내가' 그렇게 모이도록 그들 각자에게 생각을 불어넣었고, 그 생각이 곧 그들 각자의 내면에 있는 '나'이고 '나의 이데아'이기 때문이다. '나'를 향한 그들의 열정이 하나로 뭉쳐지면, 나는 한 매체나 채널을 창조하고, 그러한 통로를 통해서, 각자가 이해할 수 있는 정도에 따라, 그 영혼 의식으로 하여금 잠시나마 '나'를 볼 수 있게 해준다.

나는 모든 성직자들, 모든 교사들, 모든 매체들로 하여금 이를 본능적으로 알아차리게 한다. 왜냐하면 그들은 '내가 선택한 대리인들'이기 때문이다. 나는 또한, 많은 추종자들을 거느리고 싶다는 욕망을 그들 안에 불어넣는다. 이는 '나의 현존'을 의식할 수 있을 만큼 준비된 사람들의 가슴을 일깨우기 위함이다.

성직자나 교사나 매체들 자신은, 그들의 내면에 있는 '나'를 알아차리지 못했을 수도 있다. 그래서 '나'를, 그들의 바깥에 존재하는, 인격화된 마스터나 가이드나 구원자쯤으로 여기기도 한다. 그럼에도 불구하고, 나는 이들 '대리인들'을 이끌어준다. '나의 대리인들'로 하여금 어떤 말들을 하게 하고, 열성 깊은 사람들에 의해 고양된 '영적인 힘'을 한데 엮어 그들의 영혼 의식을 깨어나게 하며, '나'를 실제로 이해할 수 있도록 이끌어준다. '초자아적인 하나'를, 만물의 한가운데에, 그리고 각자의 가슴 안에 자리한 '초월적 자아'를 이해할 수 있도록.

'나의 대리인' 안에 있는 '나'와, 추종자들 각자의 안에 있는 '나'는 '하나'이다. 의식 안에서 하나요, 이해 안에서 하나요, 사랑 안에서 하나요, 목적 안에서 하나다. 무엇이 목적인가? '나의 의지'의 성취가 목적이다.

전적으로 개인을 뛰어넘어 존재하는 '나'는, 시간도 공간도 알지 못하고, 각자가 서로 다르다는 것도 알지 못한다. 단지, 성직자와 추종자 모두의 개성을 활용할 뿐이다. 언제나 바깥으로 표현하기 위해 안에서 고투하는 '나의 이데아'가 목소리를 낼 수 있도록, 하나의 방편으로서, 개인과 개인의 만남을 주선하고 분위기를 조성한다.

자신들의 사적인 목적을 위해 '나의 추종자들'의 신뢰와 믿음을 이용하는 '성직자들', 나는 적절한 시기가 되면 '나의 의지'와 '나의 이데아'를 인식할 수 있도록 그들을 일깨워 준다. 이런 깨어남이 그들의 개성에게는 결코 유쾌한 일이 못 된다. 거의 언제나 고통과 수치심을 야기한다. 그러나 그들의 영혼은 그런 마음을 불러일으켜 준 데 대해 기뻐하며 찬미가를 부른다.

그러므로 그런 말을 하기엔 분명 적절치 못한 입들을 통해, 심지어는 그 의미조차 스스로 이해하지 못한 채, 경이로운 '진리'의 말이 설해진다고 해도, 놀라지 말라. 단순한 심성의 추종자들이 자기네 선생들보다 더 빨리 깨어나고 성장하는 일이 빈번하다 해도, 그리 놀라지 말라. 교사와 추종자 모두의 안에 거하는

'나'는, 각자 서로 다른 '영혼' 안에 있는 '나의 속성들'을 표현하기 위하여, 서로 다른 조건을 선택하고, 서로 다른 길을 제공한다. 저마다에게 부족한 점을 채워주고, 서로가 서로를 최선으로 도울 수 있기에 가장 적합한 시간과 장소로 모두를 이끌어 간다. 그럼으로써 모두 하나가 되어, '나의 이데아'를 그 상황 속에서 가장 조화롭게 표현토록 하는 것이다.

15. 나에게 가는 길

MASTERS

그대는 여전히 여러 가르침 속을 헤매며 서성이고 있다. '나'와 하나 될 것을 추구하는 열성 있는 이들을 위해, 나는 이제 '신성한 교사'를 보낼 것인즉, '나의 말씀'을 잘 들으라.

그대는 한때 모든 신비적인 책과 가르침에 심취한 적이 있었고, 내가 이를 허용했었다. 그런 가르침들이 찬사를 던지곤 하는 '나와의 합일'을 갈망하면서, 거기에 필요한 힘을 얻고 싶다는 내밀한 바람을 지니고 있었다. 그대가 심취했던 가르침들은, 그대에게는 그럴 만한 힘을 지닐 수 있는 소질이 보인다면서 그대를 부추기기까지 했다.

나는 심지어, 특정한 방법으로 호흡을 하고, 특정한 주문을 암송하고, 그래서 보이지 않는 세계에서 '스승'을 불러들인다는 믿음조차 허락한 적이 있다. 그래서 보이지 않는 그 존재가 그대의 교사가 되어, 더 높은 단계로 진보하게 하는 입문식을 치를 수 있도록 그대를 돕는다는 것이었다. 그렇게 입문을 하게 되면 존재의 내적인 경지가 높아져서, '나의 신성한 지혜'가 열린다는 것이었다.

나는 단지 이러한 것들을 허용했을 뿐이지만, 그대가 알아주길 바란다. 그대를 이런 책들로 이끌고, 그러한 욕망을 그대 안에 불어넣은 것은 바로 나라는 것을. 그러한 믿음 속에서 마음의 정박처를 찾게 한 것은 바로 나라는 것을. 그러나 명심할지니, 그대가 상상하는 것과 같은 그런 목적을 위해서는 아니었다.

그렇다, 나는 그대를 그런 가르침 속으로, 그런 욕망과 믿음 속으로 보내서, '나의 신성한 이데아'를 표현하기 위해 내가 사용하는 그 '힘들'을, 그대 인간의 마음에 가리켜 보여주려고 했다.

나는 이러한 '힘들'을 하늘에 있는 '여러 천사 계급'으로 묘사해 왔다. 그렇게 묘사한 것은, 그대 인간의 지성이 더 잘 이해할 수 있도록 하기 위함이었다. 나는 그 힘들을 '천사들'이나 '신적인 존재들'로, '나의 의지'를 실행하는 '초자아적 도우미들'로 그려왔다. 태초부터 있었던 '나의 이데아'를 나타내는 과정에서 내가 고용한 존재들이라고 했다.

그러나 그대는 이해하지 못했다.

그대는 이런 존재들을 만날 수 있을지도 모른다는 가능성에 홀려, '그들'을 당장 개성을 입은 사람인 양 생각하기 시작했다(몇몇 가르침들에서는 사실, 이를 조장하기조차 한다). 그대는 그대의 삶 속에서 그들이 모습을 만나고 싶다는 열망을 품게 되었다.

그들이 인간의 일에 관심을 갖고 있으며, 그래서 특정한 가르침들에 적힌 특정한 계율에 따라 살면, '니르바나'나 '불멸'을 얻을 수 있도록 그대를 도와줄 것이라는 상상까지 했다.

나는 의도적으로, 그대가 그런 기만에 빠지도록 허용했다. 그대가 열망하도록, 기도하도록, 주어진 모든 지시를 따르기 위해 열성을 바쳐 고투하도록 했다. 심지어는 자기가 만들어낸 환상인 꿈인 줄도 모르는 상태에서, 이상적인 존재들을 잠시나마 만나보도록 이끌기도 했고, 그 이상적인 존재들이야말로 위대한 '스승들'임을 믿도록 하기까지 했다.

나는 그대 안에 있는 특정한 능력을 열어 주기도 했다. 그런 능력으로 인해 심령적인 존재를 지각할 수 있게 된 그대는, 영적인 삶에 치우치게 되었고, 그대의 욕망이 불러들인 그 존재들이 '스승'의 역할을 해주기를, 그래서 그대를 이끌어주기를 열망했다.

그러나 이제, 그런 존재들이란 스승이 아니라는 점을 알아야 할 때가 왔다. 또한, '신성한 존재들'은 자신들을 스승이라고 칭하지 않는다는 것도. '나', 오직 '나'만이, 그대 자신의 '참자아'만이, 그대를 위한 유일한 '스승'이라는 것도. 그때에야 비로소, 그대는 그대의 형제들 안에서도 '나'를 알아보게 될 것이다.

인간이든 심령적인 존재든, 그대의 의식에 나타나 '스승'임을 자처하는 존재들은, 혹은 그대가 '스승'이라고 부르는 것을 허락한 존재들은, 그대와 마찬가지로 하나의 개성적인 존재 이상도 이하도 아니다. 그러므로 그가 경이로운 '진리'를 말하고, '경탄할 만한' 일을 행한다 해도, 인간이 이해하는 그런 '신성한' 존재는 아닌 것이다.

인간의 마음이 누군가 다른 존재에게서 '스승'이라는 '관념'을 찾으려 하고, 그 '스승'을 예배하려 하는 한, 그대에게는 그가 아무리 고상하고 신성하게 여겨진다고 할지라도, 그대는 결국 그 기간 동안만큼은 그러한 관념의 먹이가 된 것이다. '내가' 진정한 '스승'을 만나게 하고 친교를 나눌 수 있도록 허용하기 전까지는.

영광스럽게도 그런 특권이 그대에게 주어진다면, 그것은 단지 그대의 깨달음을 촉구하여, 그런 환상에서 하루 빨리 벗어나도록 하기 위해서일 것이다. 그때 그대는 '스승'이란 단지 한 개성에 지나지 않음을 배우게 될 것이다. 그가 아무리 그대보다 깨달음의 면에서 앞서 있다 할지라도, 여전히 한 개성이라는 것을. 그대의 가장 내밀한 '영혼'이 알기를 열망했던 '신성한 존재'는 아니라는 것을.

'나'는, 겉으로 보이는 모든 것들의 뒤에 있는 실재를 그대에게 가르쳐 보여줄 '모든 관념'을, 그대에게 제공해 준다. '내가' 만약 분명 기만으로 보이는 것들에게로 그대를 이끈다면, 그래서 인간의 가르침 안에서 그대의 신앙이 길을 잃는다면, 그것은 단지 그대로 하여금 본질과 그림자를 더 분명하게 분별하도록 하기 위해서일 뿐이다. 그리하여 '내가' 그대에게 보여주기 위해 그토록 기다려 온 저 높은 '이상'의 세계에 대비토록 하기 위해서일 뿐이다.

그대는 그대의 개성이라는 것을 떨치고 일어나, '나의 의지'가 재우치는 '욕망의 바람'을 통해서, 숱한 경이로운 일들을 수행하는 '욕망'을 통해서, 그대 인간의 마음이 품을 수 있는 저 이상의 세계로 뛰쳐오를 수가 있다.

의심쩍은 마음이 든다면, 그대는 '말씀'의 '열쇠'를 응용해야 할 필요가 있다.

'스승'에 대해 생각한다는 것은, '스승'을 창조한다는 것이다.

'스승'에 대한 관념은, 그대의 생각에 의해, 그대가 스승이란 이럴 것이라고 상상하고 염원하는 바로 그 존재가 된다.

다시 말하자면, 이 관념의 언저리에 그대가 짓는 생각에 의하여, '스승'은 그대가 상상하는 모든 자질을 소유하게 된다. 그대의 인간적인 마음은, 욕망을 통하여, 열망을 통하여, 숭배를 통하여, 어떤 '상상의' 인물 안에서 이런 자질들을 기필코 창조하지 않으면 안 된다. 그 상상의 인물은 여전히 한 개성일 수밖에 없는데, 그것은 왜 그럴까? 그대는 아직, '초자아적인' 존재를 마음에 품을 수가 없기 때문이다.

그러므로 그대의 욕망과 생각의 강도에 따라 이 관념은 빠르든 늦든 실질적인 물질화 작업을 시작하게 된다. 육신을 입은 한 개성을 그대에게 끌어당길 수도 있고, 환상과 꿈의 영역에서 개체화 된 존재를 끌어당길 수도 있다.

그대 인간의 마음이 그러하므로, 마음은 때로 인간의 여러 문제에 대해 설명과 조언을 구할 수 있는 '스승'이란 존재가 필요하다고 생각하고, 인생 문제가 그런 식으로 풀릴 수 있으리라고 생각한다. 나는 그대를 실망시키고 기만할 사람을 그대에게로 끌어당겨서, 환멸과 참담함을 맛보게 하고, 그리하여 마침내는 '나'에게로, 그대의 '참자아'에게로 돌아오게 한다. 그때에야 비로소 그대는, 그 동안에도 내내 그대를 향해 속삭여 왔건만 자존심과 에고의 목소리를 듣느라 분주한 나머지 귀 기울이지 않았던 '나의 목소리'를, 내면을 울리는 '참자아의 목소리'를 들을 준비가 되어 있으리라.

아직 이런 경험을 하지 않은 그대에게, 인간이든 심령적인 존재든 그대가 열망하는 '스승'을 아직 만나 본 적이 없는 그대에게 말하노니, 그대 안에 있는 '나의 말씀'은 진리에 반응하도록 그대의 마음을 촉구하고 깨우는 데에 실패했다. 나는 나중에라도 그대를 '나'에게로 이끌 것이다. 그런 경험을 통해서 그대는 '나'야말로 진정한 '스승'이라는 것을, 모든 생각의 뒤에 있는 '영감'이라는 것을, 바깥에서 찾든 안에서 찾든 '스승'을 향한 모든 열망을 불러일으키는 '영감의 원천'이라는 것을 알게 되리라.

"제자가 준비되면 스승은 저절로 나타난다"는 말은, 어떤 의미에서는 진실일 것이다. 그러나 그대가 그 말을 해석해온 의미 그대로는 아니다.

스승을 찾는 그대의 내밀한 욕망은 스승을 그대에게로 불러온다. 그러나 그가 그렇게 나타날 것에 그대가 준비되어 있을 때만이 그렇다. 그럼에도, 그것은 한 스승의 나타남일 뿐이다. 그대는 진정한 스승이나 교사가 나타나도 그를 알아보지 못하기가 쉽다. 왜냐하면 그는 그대의 관심을 끄는 한 친구의 안에, 사업상의 동료 안에, 그대의 이웃 속에, 혹은 그대의 아내나 남편이나 자녀 안에 숨어 있게 마련이기 때문이다.

욕망을 뛰어넘어 솟아오른 그대는, 더 이상 스승이나 교사를, 심지어는 '나'조차도 더 이상 찾지 않는 그대는, '나의 영원한 현존'의 신앙 안에서, '나의 영원한 약속'의 신앙 안에서, 홀로 살아가고 있다. 그대를 위하여 나는 한 만남을, 하나됨의 친교를 비축해 놓고 기다린다. 그대 인간의 마음이 감히 품을 수 없는 기쁨과 축복을, 그대 '영혼'의 축제를 준비해 놓고 있다.

이것을 풀 수 없는 수수께끼이다. 여기에 묘사된 그 어떠한 것과도 닮지 않은, '내가' 드러나 있다는 책들의 가르침과도 모순되는, 저 천상에 호소하여, 그대가 의롭게 될 때까지는.

두려워하지 말라. 그대가 진실로 '나의 뜻'을 알기를 염원한다면, 이 신비는 그대에게 옷을 벗어 보이리라.

그때가 먼 미래의 일이라 할지라도, 어찌하여 '가장 지고한 것'에 미치지 못하는 것들로 만족을 삼아야 한단 말인가?

어찌하여 '나의 완전함'의 현현을, 그런 제한된 존재 안에서 찾아야 한단 말인가? 인간의 몸을 입은 존재든, 영혼의 교사든, 길 안내자든, 지고한 스승이든, 천사든 간에 말이다.

그대가 '나'에게로, 그대 내면에 있는 '신'에게로, 전지전능하고 어디에나 두루 있는 존재에게로, 모든 현현의 뒤에서, 그리고 그 안에서 영감을 불어넣는 '이데아'에게로 '직접' 올 수 있는데도, 왜 그러해야 한단 말인가?

'내가' 그대 안에 있는데, 심지어는 그대가 추구하는 어떠한 것 안에도 '내가' 있는데, 모든 지혜, 모든 권능, 모든 사랑이 오직 '나'에게서만 나오는데, 어찌하여 그대는 지금 '나'에게 오지 않는가? 어찌하여 그대는 '그대'를 통하여 '나의 모든 것'을 표현할 수 있도록 '나'에게 준비를 시키지 않는가?

그대는 한 인간의 개성이다. 하지만 그대는 '신성하고', 그러므로 완전하다.

그대는 자신이 하나의 몸을 입은 개성이라는 것은 믿지만, 신성하다는 것은 믿지 않는다.

그대가 한 개성이라는 것도, 신성하다는 것도, 모두 진실이다. 그리고 그것이 신비이다.

그대는 그대가 '생각하는' 바, 바로 그 존재이다.

그대는 자신이 하나의 개성이라고 믿는가, 신성한 존재라고 생각하는가? 아니면 그 둘 다인가?

그대는 '나와 하나'이다. '나'는 그대 안에 있고, 그대 인간의 개성 안에 있고, 그대의 몸과 마음과 지성 안에 있다. '나'는 그대 몸의 모든 세포 안에 있고, 그대 마음의 모든 속성 안에 있고, 그대 지성의 모든 기능 안에 있다. '나'는 그 '영혼'이고, 저마다를 살아 움직이게 하는 '본질'이다. 그대는 '내' 안에 있다. 그대는 '내 몸'의 한 '세포'이다. 그대는 '내 마음'의 한 '속성'이다. 그대는 '내 지성'의 한 '기능'이다. 그대는 '나'의 한 부분이다. 그러나 그대는 '나'이고, '나의 자아'이다. 우리는 '하나'이며, 언제나 '하나'였다.

내가 그대 마음으로 하여금 한 '스승'을 찾도록 관념을 심어준 것은, 그대를 '나'라는 이 '이데아'로 이끌기 위해서였을 뿐이다. 그대의 내면에 있는 '초자아적인 자아', '빛의 천사', '내 존재의 광휘', 그대의 '신성한 주님이자 스승'에게로 그대를 이끌고, 거기에 대비토록 하기 위해서였다.

그렇다, '나'는, 그대의 '신적인 자아'는, 그대의 영혼이 그대로 하여금 그토록 찾게 했던 진정한 '스승'이다. 그대가 '나'를 만날 때, 그래서 그대 안의 '나'를 알게 될 때, 그때에야 비로소 그대는 자신의 인간 의식 안에서 기쁘게 '나의 제자'가 되리라. 넘치는 사랑으로 '나'를 모시게 되리라. 오직 '나'를 섬기는 일에만 관심을 두게 되리라. 그대 자신과 동료 인간들의 내면에 있는 '나'에게 봉사하는 일만이, 그대의 관심사가 되리라. 그때에야 그대는 어찌하여 "그대의 스승이 오직 한 명뿐"인지를, 왜 그가 곧 그리스도이기도 한지를 이해하게 되리라.

왜 그러한가? 모두가 내면에 살고 있는 그리스도로서의 '나'는, 모든 이들의 '하나'이며, '유일한 참자아'이기 때문이다. '나'는 언제나 모든 이들을 통하여 그대를 부르고 있고, 그대의 인간 의식에 가 닿고자 하고, 거기에 새기고자 애쓴다. '나'는 그대를 쉬임없이 가르치고 있다. 모든 사람들을 통해서 뿐만 아니라 필요할 때면 모든 길을 다 동원한다. '나'는 그대의 의식에 가 닿는 수많은 길을 가지고 있고, 그대로 하여금 '나의 뜻'을 깨닫게 하기 위해 그 모든 길을 활용한다.

나는 수많은 목소리로 말한다. 인간이 품는 감정과 열정과 욕망의 목소리로 말한다. 나는 자연의 목소리로 말하고, 경험의 목소리로 말하고, 심지어는 '인간의 지식'이라는 목소리로도 말한다.

그렇다, 그 모든 것이 '나의 목소리'이다. '오직 한 가지 사실'만을, '나는 모든 만물 안에 있고, 나는 모든 것'이라는 그 사실만을, 그대에게 전하기 위한 '나의 목소리'이다. 그것을 전하기 위해 '나'는 '나의 목소리'를 '초자아적으로' 사용하는 것이다. '나의 목소리'는, 그대 또한 이 '모든 것'의 일부라는 것을, '나'는 그대 안에 있다는 것을, 수천 수만 갈래의 길을 통해서 말한다. 그대가 '나'를 알아차리기를 기다리면서. 그래서 '초자아적 완전함'을 갖춘 '나의 이데아'를 지상에 펼치는 데 있어서, 그대가 '깨어 있는' 협력을 해주길 기다리면서. 하늘에서와 같이 땅에서도 그렇게 이루어지기를 기다리면서.

이렇게 알아차리는 순간이 올 때만이, 그때만이, 그대는 '진정한' 한 '스승'을 만날 준비가 되어 있는 것이다. 그때만이 그 '스승'을 알 준비가 되어 있는 것이다. 그때만이 그대는 깨닫게 되리라. 어찌하여 '나'만이, 그대 자신의 '초자아적 자아'만이, 인간의 몸을 입은 그대의 유일한 '스승'이 될 수 있는가를. 왜 '나'만이 그대의 '참스승'인지를.

그대는 또한 알아차리게 된다. 그대 안에 있는 진정한 스승을 알아보지 못하게 했던, '개성을 입은 그대의 분리된 의식' 속에서는, 어찌하여 하나의 육신을 입은 '그분'을 만나야만 하는지를. 그리하여 그대가 자신의 '그리스도 의식' 속으로 들어설 수 있을 때만이, 그대 안에 있는 '나의 의식' 속으로, '그분'의 내면에 있는 '나의 의식' 속으로 들어설 수 있을 때만이, '그'는 친절하고도 자비에 넘치는 한 친구로서, 교사로서, 그대에게 존재하게 되리라.

그대가 그러한 '의식'에 가 닿을 때, 그때만이 그대는 '영혼'이라는 '위대한 형제애' 속에서, 그대의 동료들을 알고 사귈 수 있는 자격과 가치를 지니게 된다. 그때에야 비로소, 자아를 정복한 사람들, 자기보다 어린 형제를 돌보기 위해서만 살아가는 사람들, 내면의 '신성한 하나'를 발견하기 위해 살아가는 사람들의 진정한 벗이 되어줄 수 있는 것이다.

신성한 존재로 여겨지는 어떤 사람이 그대의 삶 속으로 걸어 들어와, 자기 자신을 '스승'으로 부르게 한다면, 그는 여전히 자기 자신을 뛰어넘지 못하고 있는 셈이다. 그는 아직 '초자아적 존재'가 아니다. 스승 구실을 하는 사람일 수는 있겠지만, 그대의 '영혼'이 섬기기를 열망하는 '신적인 존재'는 아닐 것이다.

그렇게 전적으로 '초자아적 존재'는 아닐지라도, 그대는 그런 사람을 '스승'으로 모시는 **것**에 만족할 수도 있을 것이다. 그렇다면, 나는 그대를 깨달음의 **현장**으로 데려가겠다. 자신의 개성적인 불완전함을 '나의 초자아적 완전함'이라는 거울에 끊임없이 비추어 보고, 자신을 완성해 갔던 그의 인생 무대를 그대에게 보여줄 것이다. 그대가 마침내 그 모든 것을 포기하고, '나'에게로 돌아설 그날을 기다리면서. 그대 자신의 '영혼' 안에 깊이 깊이 숨어 있어, 오직 그대의 내면에서만 발견될 수 있는 '나'를, '나의 초자아성'을, 유일한 삶의 푯대로서, 이상으로서, 바깥을 헤매며 진리를 찾았던 그대의 긴 여정 속에서도 그대에게 '나의 완전함'에 대한 열망을 불어넣어 주었던 진정한 원천으로서, 알아차릴 그날을 기다리면서.

16. 큰 사랑의 품에서

THE CHRIST AND LOVE

'나의 말씀'이 나에 대한 그대의 사랑을, 그 믿음을 깨뜨리지나 않을까, 두려워하는 그대에게 말하노니,

2천 년쯤 전에, '나의 이데아'가 표현되는 과정에서, '내 신성의 실재'를 보여줌으로써 '나의 인간적인 속성들'에게 그들의 지상적인 임무를 다시 한 번 호소할 필요가 있게 된 단계에 이르렀을 때였다. '나의 신성한 속성들'이 개성을 입은 한 인간으로 표현되어 나타날 필요가 있었다. 그들 인간의 마음과 지성이 '내 신성의 실재'를 알아보고, 기억하고, '내면의 나'에게서 영감을 받아, 그들 인간의 개성들을 통해서도 '나의 이데아'가 표현되고 나타날 수 있도록 하기 위함이었다.

나는, 그러한 목적으로 내가 창조했던 '그'의 인간적인 개성을 상징적으로 경험하게 함으로써, 개성을 입은 모든 인간들이 통과해야만 하는 것들을 그대 앞에 보여주었다. 그리하여 '나의 인간적인 속성들'이 다시 한 번 '나'와 더불어, '내 이데아'를 깨어 있는

마음으로 충분히 표현할 만큼, '초자아적인 존재'가 될 수 있도록
하기 위하여.

내면에 있는 '내가', '나'에 대한 현존으로 그대들 모두를, '나의
인간적인 속성들'을 흔들어 깨우기 이전에, 그대의 '신적인 자아'
는 '순결한 사랑'으로, 남루한 마구간의 구유에서 태어나는 것이
마땅하리라(짐승들이 먹이를 먹는 장소, 이는 신에 대한 믿음으로
채워진 겸손하고도 회개하는 마음의 장소요, 인간이나 짐승의
성품이 도달해야만 하는 존재의 상태이다). 그대의 '신적인 자아'
는 어둠의 장소(분별하고 헤아리는 지성의 장소)로 달아나는 것이
그 다음의 순서이다.

거기에서 그대는 몸과 마음이 건강한 청년으로 자라나고, 내면
에서 '나'를 느낄 수 있을 만큼 강해진다. 그대가 '나의 권능'과
'나의 사랑'을 충분히 의식하게 될 때, '나'는 그대를 통하여
'지혜'와 '진리'의 말을 하기 시작하고, 그것은 세상에 배운 자들
을, 심지어는 율법학자들마저도 당황하게 만든다.

뒤이어, 탐구와 명상의 기나긴 기간이 오게 되고, 그런 기간을
통해 마음이 성숙되고, '영혼'이 계발된다. 그대는 이제 내면에서
'진정한 나'를 의식할 만큼 충분히 무르익게 된다. 그리하여 그대
는 요단 강에서 세례를 받고, '나'에게로 완전히 마음을 열게
된다. '그대와 내가 하나'라는 의식에 완전히 깨어 있게 되고,
아무런 분리도 없게 되며, '내가 곧 그대의 참자아'가 되는 경지에

이르게 된다. 그때부터는 그 동안 숨어 있기만 했던 '참다운 내가' 전면에 나서서, 그대 삶의 온전한 주인공이 된다.

그때 나는 그대를 바깥으로 이끌어내어, 세상 속으로 들어가게 한다. '내가' 드러내어 보여진 다른 책에서는, '광야'라고 불렸던 그곳으로. 거기에서 '나'는 그대를 시험하여 더 강하게 단련시킨다. '나의 신적인 속성들'을 '초자아적으로' 사용하도록 그대를 길들인다. '권력'과, 자기만이 옳다는 '독선'과, '돈'이라는 세 가지 큰 유혹을 그대 앞에 띄운다. 그리하여 그대는, 덧없는 지식이, 덧없는 자아가, 밖에서부터 오는 덧없는 것들이, 내면에 있는 '나'를 잊게 할 수는 없다는 것을 증명해 보인다. '내 목소리'만이, 그대의 가슴 안에서든 그대 형제들의 가슴 안에서든, 오직 '내 목소리'만이, 그대가 지금 들을 수 있는 유일한 '목소리'임을 나타내 보인다.

이렇게 그대가 입증해 보이고 나면, 그대는 기적을 행할 수 있게 되고, 군중을 가르칠 수 있게 된다. 하지만 거기에는 믿지 않는 자들과 세상을 조롱하는 자들의 비난과 학대가 뒤따른다. '세상의 법'을 상징하는 본디오 빌라도 앞에서의 재판, 사형 판결, 십자가를 지고 갈보리 산에 오르는 여정, 십자가에 못 박히는 일, 극심한 고통과 탄식, 무덤 속에 갇힌 사흘, 그리고는 마침내는 부활에 이르게 된다. 그때에야 그대는 '나'와 더불어 완전히 하나가 되는 세계로 들어서는 것이다.

이 모든 것이 내적인 의미를 지니고, '영혼'에 고스란히 적용된다. 그대가 만약 '나'를 향해 가슴이 열려 있다면, 그 모든 것을 이해할 준비가 되어 있는 셈이다.

그대가 걸어야 할 '길'이, '나의 가르침'을 탐구하고 따르는 모든 이들이 걸어야 할 '길'이, 과거엔 그러했다. 그러나 이제 때가 왔다. 나는 그대와 다른 많은 이들을 위하여 새로운 '섭리'를 예비해 왔으니, 그대는 이제 '초자아적인 길'을 걸음으로써, 직접, 그리고 '즉각', '나'에 대한 의식으로 들어설 수 있다. 인간적인 개성이 아우성치며 요구하는 것들을 치워 버릴 수 있을 만큼 충분히 강하기만 하다면. 그대의 '진정한 나'는, 그런 개성들에게 힘을 부여함과 동시에 바깥 세상의 유혹과 영향에서 벗어나 초월할 수 있는 힘 또한 주신 근원적인 존재와 '하나'임을 알기만 한다면. 그들이야말로 '내 신성한 이데아'의 영광과 경이로움을 세상에 펴기 위해 내가 선택한 자들이다.

'참자아 의식'인 그리스도는, 그대의 가슴에서, 모든 인간의 가슴에서 태어나야만 한다. 그래서 자라고, 성숙하여, 예수가 자신의 삶 속에서 상징적으로 보여주었던 모든 경험을 어떤 식으로든 통과해야만 한다. 그대가 이러한 경지에까지 이를 수 있기 위해서는. 그래서 '나의 신성한 이데아'를 깨어 있는 마음으로 표현할 수 있기 위해서는. 내가 그의 삶 속에서 보여주었던 그리스도의 '사랑'과 '자비'의 본보기는, 그대가 저 '사랑'의 과즙을 맛볼 수 있기 위해 자신의 삶 속에 어떻게든지 구현해야 하는 것들을 보여준다. 그 사랑은 단지 사랑만이 아니라, 실제로는 '사랑과 지혜와 권능'의 삼위일체이다. '초자아적 생명'의 표현이다.

그대는 지금껏 '초자아적 생명'의 의미를 알지 못했다. 그래서 '초자아적 사랑'의 의미 또한 알지 못했다. 그대에게 다가오는 '사랑'의 의미를 가만히 느껴 보라. 그 느낌을 주의 깊게 분석해 본다면, 거기에는 언제나 인간의 감정이나 표현이 묻어 있음을 알 수 있을 것이다. 그대는 인간이나 그대 개인의 흥미나 관심에 집착함이 없이 사랑의 감정을 품을 수 있는가?

이제, 그대가 가슴으로 '나'를 느끼기 시작함에 따라, '나'를 품을 수 있을 만큼 가슴을 활짝 열어 놓음에 따라, 나는 경이롭고도 낯선 느낌으로 그대를 채울 것이고, 그것은 그대 존재의 구석구석을 창조적인 충동으로 이끌어, 진정한 '생명의 묘약'을 맛보게 하리라. 내가 그렇게, 그대를 통하여, '생명의 묘약'을 세상으로 흘려 보낼 때, 그대는 말로 표현할 수 없는 '나의 신성한 초자아적 사랑'의 달콤함을 맛보게 되리라.

또한, 마음이 밝아져서 아무런 한계 없는 무한한 힘을 의식하게 될 것이다. 그럼으로써 그대에게는 에고가 흔적 없이 사라지고, 그리하여 '나의 신성한 이데아'를 '초자아적으로' 표현하기 위한 완전한 통로가 되는 것이다.

그대는 그때 깨우치게 되리라. 그대는 '나'의 일부이며, 모든 다른 존재의 일부라는 것을. 그대가 가진 모든 것, 그대의 전 존재가 그대의 것이 아니라, 언제든지, 어떻게든지, '내가' 지시하는 대로 쓰여지기 위한 '나의 것'임을 깨우치게 되리라.

그대의 삶은 더 이상 그대 자신의 에고에 초점을 맞추지 않게 되리라. 그대의 에고는 길을 잃고, 그대의 다른 '자아들'에 통합되리라. 그리하여 그대에게 '생명'과 '깨달음'과 '힘'과 '본질'을 기꺼이 선물하리라. 그 모든 것은, 오직 그러한 쓰임새만을 위하여 내가 그대에게 가리켜 보여 왔던 '나의 초자아적 생명', '나의 초자아적 사랑'의 모습인 것이다.

나는 예수의 개성을 통하여, 사랑이 '초자아적인' 것임을 많은 부분 보여주었다. '그의 삶'과 '그의 개성'을 닮으려고 애쓰도록 그대를 이끌어 왔고, 영감을 불어넣어 왔다. 그렇게 찾고 구하는 가운데, 그대 안에 있는 그리스도 의식이 깨어날 수 있도록. 그리스도는 단지 '나'를 향해 열린 문일 뿐이고 통로일 뿐이라는 깨우침을 통하여, 나는 그대를 그 문 앞에까지 데려왔다. 그 문 안으로 들어서서, 깨어있는 마음으로 '나의 초자아적 생명'의 일부가 되도록 하기 위하여.

나는 여기에서 그대에게 분명히 말한다. '나의 초자아적 사랑'이란 개인적인 삶이나 개인적인 사랑과는 아무런 관련이 없다는 것을. 그런 것들은 그대 '인간성'의 가슴에 '나의 진정한 사랑'을 퍼부어 주기 위해 내가 사용하는 매체에 지나지 않는다. 언제나 만물을 포용하고, 만물에 생명을 주고, 만물을 고양시키는 '힘'을 표현하는 그 '진정한 사랑의 세계'로 들어갈 수 있도록, 내가 사용하는 것들일 뿐이다.

'나의 사랑'은 개인이나 개성을 고려하지 않는다. 그것은 단지 삶이라는 체스판의 졸(卒)에 지나지 않아서, '나의 신성한 이데아'를 인간 안에 완전하게 표현한다는 '나의 목적'을 성취하기 위해, 내가 움직이는 대로 따라 움직여야만 하는 것들이다.

나는 '나의 이데아'를 '인간성' 안에서만 표현할 수 있다. 그대가 자신의 생각을 인간적인 개성 안에서만, 개성을 통해서만, 표현할 수 있는 것과 마찬가지로.

나는 '인간' 안에 살고, 움직이고, '나의 존재'를 가진다. '인간'이란 '나의 불멸의 자아'의 죽어질 개성이요 몸이다. 그대의 개성과 몸이 그대 자신의 존재를 표현하기 위해 그대가 사용하는 것들인 것과 마찬가지로.

몸을 가진 인간 하나하나의 개성이란, '인간이라는 내 몸'의 세포들일 뿐이다. 그대 안의 '진정한 내가', 그대의 '진정한 자아'를, '그대 안에 있는 나의 이데아'를 완전하게 표현할 수 있도록, 그대의 몸을 지금 짓고 있는 것과 마찬가지로, 나는 인간으로 하여금 '나 자신'의 '내 이데아'를 완전하게 표현할 수 있도록, '인간'을 점차적으로 지어 가고 있는 것이다.

'인간이라는 내 몸'의 세포들 하나하나는, 그대 인간의 세포들도 역시 마찬가지이지만, '내 생명'을 나누어 가짐으로써, 그들이 형성하는 기관의 '초자아적이고' 조화로운 부분이 되어, 건강하고 행복한 삶을 꾸려 가게 된다. 그러나 하나의 세포가 그 기관의 일반적인 법칙에 반대하거나 거스르는 행동을 한다면, 그래서 그 기관의 조화로운 기능이 불가능하게 된다면, 결국엔 전체 몸에 영향을 미쳐, 질병에 걸리는 결과를 낳게 된다.

한 기관의 세포들 하나하나는 그 기관을 이루는 데 없어서는 안 될 부분이다. 세포 하나하나가 하는 일은, 그 기관이 완벽하게 작동되는 데에 기여하고, 결국엔 '내 몸'의 완전한 건강을 위해 꼭 필요한 일이 된다. 세포들 하나하나가 내가 준 속성들인 자신의 모든 힘과 지성을, '내 몸' 전체의 완전한 기능을 위해 사용하는 일을 포기해 버린다면 어떻게 될까? '내 몸'은 부조화 상태에 빠질 수밖에 없을 것이고, 결국 질병, 고통, 죄, 속박, 가난, 이해의 결핍, 분열, 즉 죽음의 상태에 이르게 될 것이다.

마찬가지로, 각 기관이 내가 부여한 모든 지성과 힘을, '내 몸'의 생명을 건강하게 유지하고 표현하기 위해 사용하는 일을 포기한다면, 어떻게 될까? 조직의 파괴, 분열, 반역, 그리하여 결국엔 전쟁 상태에 돌입할 수밖에 없을 것이다. 기관과 기관 사이에, 기관을 대표하는 세포들 사이에 전쟁이 벌어질 것이고, 크든 작든 '내 몸' 전체의 혼란 상태가 야기될 것이다.

'인간이라는 내 몸' 안에서, 이것은 '내 몸'의 '기관들'인 국가 간의 전쟁을 의미한다. 모든 전쟁은 극심한 질병이나 부조화

상태일 뿐이므로, 또한 '내 생명'은 조화의 상태에 있을 때만이 표현할 수 있기 때문에(물리적인 몸도 역시 마찬가지이다), 스스로를 조화롭게 표현할 수 있도록 여러 가지 환경에 대비하고 있고, 주어진 조건들을 활용하고 있고, 넘치는 것은 덜고 부족한 것은 채우고 있다.

'내 생명'은 어떻게 그런 일들을 하는가? 병이 든 부분이나 약해진 세포, 부적절한 세포를 그 몸의 기관에서 점차적으로 전멸시켜 버림으로써, 혹은 질병을 더욱 발전시켜서 극히 해로운 형태로, 예를 들면 고열이나 수종(水腫), 염증, 패혈증, 혹은 변종으로 만들어 버림으로써 그렇게 한다. 어느 특별한 기관이 정화되거나 혹은 그 기능이 완전히 파괴될 때까지, 수십억에 달하는 세포들을 그런 식으로 재빨리 처리하는 것이다.

다시 말하자면, 각 세포와 각 기관의 삶과 역할은, '내 몸' 전체가 완전한 조화 속에서 존재하고 표현될 수 있도록, 각자의 개인적인 삶을 포기하는 데에 있다. 그것이 그들의 진정한 삶이요 진정한 역할이다. 각 세포와 각 기관이 이런 생각만으로 스스로를 가득 채울 때, 그래서 '나의 초자아적 생명'이 흐를 수 있도록 순수하고도 비이기적인 통로 구실을 할 수 있을 때, '내 몸'은 조화롭고도 완전한 '전체'가 된다. 그때, '나의 이데아'는 자신의 '신성한' 권능과 가능성을 지상에 펼칠 수 있게 된다. 영원한 천상의 세계에서와 같이.

그대가 자신의 에고를 전적으로 포기하여 '나'에게로 돌아설 때, 그래서 '나의 신성하고 초자아적인 사랑'을 그대를 통하여 퍼부을 수 있을 때, '나의 진정한 생명'인 그 '사랑'을 완전하게 표현하는 것 외에는 아무런 생각을 하지 않을 때, 나는 그대를 통하여 그대의 주변에 있는 사람들을 흔들어 깨울 수 있게 된다. 그대를 통하여 그들 안에 있는 '그리스도'를, '나'를 깨어나게 할 수 있게 된다. 그리하여 그들 역시 자신들의 에고를 전적으로 포기하고, '나'에게로 돌아서게 되리라. 그러면 '인간'이라는 '내 몸'의 특별한 부분인 그 기관(그대와 그들이 형성하는)은 완전한 건강과 조화를 구현하여, '내 몸' 전체의 완전한 건강을 유지하기 위해 주어진 자신의 몫을 다하게 되리라.

그러한 때가 오면, '나의 신성한 생명력', '나의 초자아적 사랑' 은 인류 전체에 구현되고, 흘러넘치게 될 것이다. '나의 이데아'는 하늘에서와 같이 지상에서도 충만하게 표현되리라. 지상과 지상의 모든 몸들이 더 이상 예전과 같이 물리적인 물질의 세계가 아니게 되리라. 지상의 모든 것들이 완전히 정화되고 깨끗해져서, 다시 한 번 높이 들어올려지리라. 타락했던 그 지점에서부터 솟구쳐 날아오르게 되리라. 왜냐하면 창조의 목적은 완수될 것이기에. '나의 신성한 이데아'를 인간과 만물 안에 완전하게 표현하기 위해서는 그 기관들이 진화되어야 하고, 그러한 고유의 창조 목적은 반드시 달성될 것이기에.

다시는 물리적인 몸을 입은 인간을 매체로 사용하는 일이 없을

것이므로, 나는 오직 '마음의 질료'만을 갖고 창조하고 표현하게
되리라. '마음의 질료', 이는 '초자아적 생명'의 세계인 천상에서
필요로 하는 유일한 매체이다.

17. 숨바꼭질

FINDING ME

지금까지 말해 왔던 모든 것을 주의 깊게 탐구하여, '나'의 옷자락을 잠시나마 붙잡은 것 같지만, 아직도 확신하지 못하는 그대에게 말하노니, 가까이 오라, 그래서 내가 앞으로 말하려는 것들을 그대의 '영혼'으로 들으라.

고요히 있으라, 그리고 내가 신임을 알라.

그대가 만약 '고요해지는 법'을 배웠다면, 그대 안에 있는 '신'으로서의 '나'를 탐구해 왔고 명상해 왔다면, 그래서 '그것'을 그대의 개성적인 '나'와 분별할 수 있다면, 그래서 때로는 그대 자신이 어긋나고 있다는 것을 의식한다면, 다시 말하자면 그대의 개성을 의식하고, 그대의 인간적인 자아를 있는 그대로 바라볼 수 있다면, 그래서 그 실수와 연약함을 알아차릴 수 있다면, 그 동물적인 탐욕과 정념, 유아적인 욕망과 어리석은 자만심, 자기기만과 철저한 자기중심주의를 알아차릴 수만 있다면.

그대가 그렇게 할 수 있고, 이 모든 것을 명확하게 알아차려 왔다면, 부디 알도록 하라. 그러한 순간들에, 그대는 '나'와 '하나' 였다는 것을. 그대에게 그렇게 있는 그대로의 진실을 '나의 눈'으로 보게 한 것은, 그대 안의 '나', 그대의 '참자아' 였음을.

그러한 순간들에, 그대는 자신의 개성으로부터 자유로웠던 것이고, '나의 의식' 안에서 살고 있었던 것이다. 그대가 원한다면 그것을 '우주 의식', '보편 의식', '영혼 의식', 혹은 '초자아적 의식'이라고 불러도 좋으리라. 그대는 '초자아적인 눈' 이 아닌 그대 자신의 눈만으로는, 이런 것들을 볼 수 없다.

돌이켜보면, 무엇인가를 꼭 해야만 하겠다는 내면의 충동을 느꼈던 때가 여러 차례 있었을 것이다. 그 이끌림에 따랐던 몇몇 경우에는 만족할 만한 결과를 얻었을 것이다. 그러나 그러한 내면의 부름에 따르지 않고, 머리 속으로 이리저리 헤아려 본 끝에 다른 행동을 취하는 바람에, 실수와 실망과 고통을 겪었던 경우도 있을 것이다.

이러한 내면의 부름이야말로 그대의 '진정한 자아'가 하는 일이다. 그러한 순간에 그대를 이끌고, 그대가 무엇을 해야 하는지를 분명하게 말해 주는 이가 바로, 그대 안에 있는 '나', 그대의 '참자아'이다. 그러한 순간에 그대는 '영혼의 귀'로, '나의 귀'로 듣고 있는 것이다. 그대가 자신을 뛰어넘어 그 소리에 복종했을 때는, 성취와 만족이 뒤따른다. 하지만 그대가 그 목소리를 외면하고 자기가 자기를 더 잘 알고 있다고 고집할 때는, 좌절과 후회와 불행한 결과만이 그대를 기다린다.

그대는 분명 낯선 사람인데도 웬지 친근감을 느끼기도 하고, 웬지 껄끄러운 느낌을 받기도 한다. 언젠가 일어났던 일인 것만 같은 느낌에 사로잡히기도 한다. 그것은 무엇 때문일까?

그런 느낌은, 그대의 '참자아'만이, 그대 '영혼의 몸'으로, '초자아적인 몸'으로 느낄 수 있는 것이다. 그대의 '초자아 의식'이, 바깥에서 일어나는 모든 일들과 조건들과 사건들에 대해, 그대에게 경고하고, 충고하고, 자신을 보호하라고 신호를 보내는 것이다.

그대가 '나'를 알 수 있는 최선의, 가장 확실한 길은, 그대 가슴을 '비이기적인 사랑'으로 충만하게 하는 것이다. 누군가를 돕지 않으면 안 되겠다는 강한 충동을 느낄 때, 그들의 병을 치유해 주고, 그들의 고통을 덜어 주고, 그들에게 행복을 가져다주고, '진정한 길'을 가리켜 보여주어야겠다는 충동에 그대 자신을 온전히 내맡겼을 때이다. 그래서 그대의 개성을 옆으로 밀쳐 버리고, 그대의 몸과 마음을 내가 창조하는 '그 느낌들'에 따라 사용하는 때이다. 그대의 몸과 마음을, '나의 진정한 본성'을 표현하기 위한 통로로서 사용하는 때이다. '나의 진정한 본성'이란 무엇인가? '완전한 사랑'이요, '신의 그리스도'요, 온 우주에 생명을 주고, 활력을 주고, 강하게 하고, 모든 것을 다 공급하고 치유하는 유일한 '힘'이다.

이 모든 것이 그대에게 한결같이 가리켜 보이는 것이 있다. 그것은, 그대 '영혼의 몸' 안에 있는, 내면의 '완전한 몸' 안에 살고 있는 바로 '내가', 그 모든 일을 한다는 것이다. 삶에서 일어나는 모든 사건들 속에서, 아무리 사소한 일이라 할지라도, '나'는 항상 그대 안에서 그대에게 그렇게 말하고 있고, 충고하고 있고, 그대를 가르치고 있고, 경고하고 있고, 돕고 있다.

그대가 '나'에게로 고개를 돌리기만 한다면, 그래서 매 순간마다 그대가 받아들이고 있는 이런 느낌들을 잘 관찰하고 살핀다면, 그래서 그 느낌을 신뢰하는 법을 배우고, '내 말씀'에 따르고, 거기에서 휴식을 취하고, '나'를 믿고 그대의 모든 것을 '나'에게 맡긴다면, 진실로 나는 그대가 가는 길을 온전히 안내해 주리라. 모든 문제를 다 풀어 줄 것이고, 모든 일을 다 내가 짊어져 줄 것이고, 곁에는 늘 생명수가 흐르는 푸른 풀밭으로 그대를 이끌어 가리라.

오, 나의 아이여, 그대가 껍데기 같은 인간의 지식과 가르침들 속을 헤매며 바깥에서 구하느라 허비하는 시간과 에너지의 십분의 일만이라도, 내면으로 방향을 돌려 나를 찾는 일에 쓸 수만 있다면, 십분의 일만이라도 그렇게 열심을 부리기만 한다면.

하루 중 한 시간만이라도 '나'에게 온전히 시간을 바쳐, 그대 안에 있는 '나의 현존'을 마음에 그리고 수행할 수 있다면,

그러면 그대에게 약속하리니, 그대는 곧 '나'를 만나게 될 뿐만

아니라, 그대 인간의 마음으로는 감히 상상할 수도 없는 지혜와 힘과 원조의 샘물을, 아무리 써도 다함이 없는 샘물을 그대의 것으로 하게 되리라.

그렇다, 그대가 그렇게 '나'를 구하기만 한다면, 그대의 삶 속에서 '나'를 '으뜸 가는' 자리에 놓고, '나'를 만날 때까지 쉬임 없이 정진하기만 한다면, '나의 현존'을, '내 사랑의 목소리'를, 그대의 가슴 속 깊은 곳에서 그칠 새 없이 말하는 '내 사랑의 목소리'를 의식할 수 있는 날이 결코 멀진 않으리라.

그대는 '달콤한 하나 됨' 속에서 '나'에게로 오는 법을 배울 것이고, '나의 의식' 속에서 살게 되리라. '나의 말씀'이 그대 안에 살고 있음을 발견할 것이고, 그대가 무엇을 원하든 기적과도 같은 방법으로 다 이루어진다는 것을 알게 되리라.

언제나 '나'와 함께한다는 것이, 처음엔 어렵게 느껴질 수도 있다. 왜냐하면, 세상에 물든 그대의 습관이, 육신을 입고 있다는 제약이, 악의 발톱이, 그대의 의식에 계속해서 흔적을 남기고 싶어할 것이기 때문이다. 그러나 그대는 '나의 초자아적인 눈'으로 바라보는 일에 길들여지게 될 것이고, 머지않아 만물의 '실상'을 볼 수 있게 되리라. 지상에서 주인 노릇을 하는 것들의 '실상'을 알게 되리라. 그때, 그대는 경이롭고 새로운 세상에 발을 들여 놓았음을 깨닫게 되리라. 사람들이 모두 천사 같은 존재로 보일 것이고, 개성을 입은 육신이란 단지 탈것이요 도구요 의복에 지나지 않음을 알게 되리라. 육신이란 '나의 이데아'를 지상에 완전하게 펼치는 데에 필요한 '영혼의' 자질들을 계발하기 위해, 자신들이 창조한 경험과 지상적인 환경을 만나기 위해 임시로 입고 있는 옷일 뿐이다.

그때, 그대의 눈에는 어떠한 그림자도, 어떠한 악도, 어떠한 악마도 존재하지 않게 될 것이다. 왜냐하면 만물이 빛과 사랑을, 자유를, 행복과 평화를 노래할 것이기에. 그대는 만물 안에서, '나'의 속성을 입고 있는 저마다의 개체 안에서, '나'를 보게 될 것이기에. 그대는 단지 그대 가슴에서 흘러나오는 '내 사랑의 빛'으로 밝게 비추기만 하면 된다. 그러면 그 사랑의 빛은, 그대가 바라보는 만물의 '진정한' 의미를 밝게 비추어 보여주리라.

그때, 그대는 '신의 왕국'을 발견했다는, 그 안에서 거닐고 있다는 큰 깨달음을 얻게 되리라. 신의 왕국은 어디 다른 곳이 아니라 바로 이 지상이며, 그대 주변의 모든 것으로 현현되어 나타나고 있고, 그대가 알지 못했을 뿐 그 동안에도 내내 그 왕국 안에서 살고 있었음을 깨닫게 되리라.

'신의 왕국'은 어디 먼 곳에 있는 것이 아니라, 그대의 존재 안에, 다른 모든 존재들 안에, 만물의 가장 내밀한 곳에 있다.

다시 말하자면, '신의 왕국'은 '만물의 실상' 그 자체이다. 겉으로 보이는 모든 것은 단지 이 '실상'의 그림자일 뿐이다. 나로부터 분리되어 있다는 인간의 잘못된 견해와 믿음이 그 그림자를 창조했던 것이다.

그대가 그 왕국을 발견할 때, 그대는 그 안에서 자신이 머물 곳도 발견하게 되리라. 그대는 진실로 '나의 신성한 속성들' 중 하나이며, 태초부터 그대가 맡아서 할 일이 모두 정해져 있었음을 깨닫게 되리라. 이미 지나간 모든 일들은, 그 일을 위해서, 그대 인간의 개성을 준비시키고 적응시키는 과정이었음을 알게 되리라.

그대의 영혼 전체는, 숱한 나날의 방황을 마치고 이제야 비로소 '나의 집'으로 돌아왔다는 설레임과 기쁨으로 가슴이 벅찰 것이다. 이제야 비로소 '참 생명'의 길로 들어섰다는 기쁨의 전율, '나와 하나'라는 감격, 결국엔 모든 일이 다 잘 되어 '나의 신성한 이데아'를 지상에 완벽하게 펼치게 되리라는 기대감으로, 그대의 영혼은 날아오르는 기분이리라.

여기까지 읽어오면서 그 기쁨이 아직 그대의 것이 되지 않고 뭔가 앞지른 듯한 느낌이 든다면, 이어지는 '말씀'을 깊이 숙고할 일이다. 그대 마음을 잠잠하게 하라, 그리고 '내면을 울리는 내 목소리'를 들어라. 그대가 '초자아적인' 눈으로 보고, '초자아적인 깨달음'으로 들을 수 있게 될 때, 그대를 기다리고 있을 영광에 대해 배우도록 하라.

그대 안에 있는 '나의 실재'가 처음으로 비치기 시작하여, '나와 나의 왕국'이 실제로 존재한다는 느낌이 조금이라도 든다면, 아주 잠깐이긴 하지만 영적인 황홀경이 그대를 고양시켜 주었다면,

그래서 이러한 '나의 의식' 안에 언제까지나 머무르고 싶다는 바람을 품고 그렇게 결심했다면, 언제나 '나'에게 스스럼없이 그대 자신을 맡기기로 마음을 굳혔다면, 결코 실망하지 말라. 그대가 얼마나 확고하게 그런 결심을 한 것인지, 그대의 확고함과 신실함을 시험할 날이 닥쳐와서, 그대가 설령 실패를 경험하게 된다 할지라도, 결코 낙심하지 말라.

그대를 시험에 빠지게 하고, 실패를 경험하게 하여, '나'를 믿고 '내' 안에서 안식할 수 있는 능력과 힘이 그대에겐 없다는 것을 통렬하게 자각하게 하는 것은 무엇 때문일까? 오직 그런 과정을 통해서만이, 나는 그대를 통해서 나타내기를 항상 기다리고 있는 '나의 신성한 힘'을, 그대 안에서 일깨울 수 있기 때문이다.

'내 안의 나'를 알아차리고 기쁨의 전율에 몸을 떠는 일은, 그대 '영혼'의 자질과 능력이 절묘하게 발휘되었을 때에만 일어난다. 그런 반응은, 내가 그러한 '힘'을 그대를 통해서 펼치기 위한 준비 과정이라고 해야 할 것이다.

그러한 '영혼'의 자질이 자연스럽게 발휘될 때, 영혼은 지금껏 그대의 본성 안에서 활개를 치고 다녔던 다른 자질들로부터 심한 저항을 받게 된다. 물론 그것은 정복되어야 하고 지배되어야 하며, 그대 '영혼'의 자질들이 자유롭게 스스로를 표현할 수 있도록 진정한 봉사의 길로 들어서야 할 것이다.

이러한 반대와 저항은 '영혼'의 자질을 표현하는 일을 강화시켜 주고, 갖은 유혹과 시험으로 단련시켜 준다. 그래야만 하고, 그렇게 될 것이다. 왜냐하면 그대는 밖에서부터 오는 모든 공격에 견딜 수 있는 능력을 가져야만 하기 때문이다. 그래야만 내면에서 솟아오르는 '나의 신성한 힘'을 충분히 표현할 수 있을 것이기 때문이다.

그대가 그 모든 것을 참고 견뎌서 강해지는 그만큼, 나는 그대 안에서 이러한 '힘'을 표현하고 있다는 것을 알라.

그대가 범하는 실수란, 자신을 성장시키기 위한 시험이다.

나는 그대 안에 있는 '생명의 나무'이다. '나의 생명'은 싹을 틔워 자라나게 되어 있고, 그렇게 되어야만 한다. 그러나 그것은 점차적으로, 차근차근 이루어진다. 나무를 키우기도 전에 과즙을 맛볼 수는 없는 일이다. 기억하라. '나의 생명'은 그대가 완전한 건강, 완전한 힘, 완전한 아름다움을 나타낼 수 있도록, 언제나 항상 그대를 쌓아올려 가고 있다는 것을. 그대 안에서와 같이 바깥에서도 그렇게 표현하지 않으면 안 된다는 것을.

'내 안의 나'를 깨닫기 시작했지만, 아직은 '나와 하나되는 법'을 터득하지 못한 그대에게 말하노니, 잘 듣고 배우라.

그대는 '고요해지는 법'을 배워 왔고, 아마도 내면에서 '나의 현존'을 느꼈을 것이다. 그렇다면, '내가' 거기 있다는 것을 깨닫고, '나'에게 한 가지 질문을 던지도록 하라. 대답을 구하면서, '나'에게 고요하고도 열렬한 기도를 하라. 그러나 걱정하거나 근심하지는 말라. 개인적인 관심사는 지워버려라. 열린 마음으로, 어떤 느낌이 다가올지, 확신에 차서 기다리도록 하라.

어디선가 들은 것 같거나 읽은 것 같은 생각이 대답으로 떠오르면, 즉각 던져 버리고, 이렇게 말하라. "아닙니다, 신이시여. 당신의 말씀을 들려주세요."

다른 사람들의 견해가 떠오를 수도 있다. 그러나 그대가 방심하지 않는다면, 그대는 그런 것들을 알아보고 받아들이기를 거부할 수 있을 것이다. 그대가 그렇게 '나'에게서 답변을 들어야겠다는 자세를 견지하면, 그대는 고요함 가운데서 '나'와 하나 됨을 경험할 수 있으리라. 다른 사람들의 견해나 믿음, 생각들에 아무런 방해 받음이 없이.

그대는 자신이 원하는 어떠한 질문이라도 할 수 있을 뿐만 아니라, 다른 이들이 도움을 필요로 하는 어떠한 문제에 대해서도 물을 수 있다. 그러면 그때마다 '내가' 그대의 마음속에 말해 줄 것이다. 침묵으로 내 말을 전할 수도 있을 것이고, 그대의 혀를 통해 다른 사람들에게 말할 수도 있을 것이다.

나에게 그대 자신을 모두 바친, 나의 사랑하는 자여, 그대는 '나'와의 합일을 위해 모든 노력을 아끼지 않았다. 그러나 그 동안 그대의 세계를 유지해 주던 모든 기둥이 뽑혀져 나가는 듯한 아픔도 뒤따랐다. 그대는 가난해졌고, 친구도 없어졌고, 인간적인 도움을 호소하고자 어디로 눈을 돌려야 할지도 알지 못하게 되어 버렸다.

나의 축복 받은 자여, 그렇다면 그대는 아주 아주 가까이 다가온 것이다. 그대가 '나'와 동행하는 일을 계속할 생각이라면, '나의 말씀' 속에서 살고, '나의 말씀'이 그대를 이끌어 가도록 허용하고, '나의 약속'을 절대적으로 믿고 그 안에서 안식한다면, 나는 곧 그대에게 인간의 말이나 마음으로는 감히 상상할 수도 없는 기쁨을, 성취를, 평화를 보내 주리라.

왜냐하면 그대는 '나의 명령'에 복종했고, '나'를 전적으로 믿고 따랐으며, '나의 왕국'과 '나의 의로움'을 무엇보다 앞서서 구했기 때문이다. 그러니 나는 세상이 그대에게 허락지 않았던 것들마저도 덧붙여서 그대에게 안겨 주리라.

나의 사랑하는 자여, 그대 자신을 온전히 '나'에게 바쳤으나 아직은 세상의 잣대를 완전히 버리지 못하고, '나'를 온전히 믿지 못하는 그대에게 말하노니,

나는 그대에게 실패와 좌절과 빈곤을 안겨주리라. 세상적인 가치의 덧없음을, 그 무상함을 그대로 하여금 배우도록 하기 위하여, 그것들이 진실로 행복을 가져올 수는 없다는 것을, '나의 진정한 생명'과는 아무런 관련이 없다는 것을 알려주기 위하여.

사랑하는 아이야, 아직 이 모든 것을 알아차리지 못한 그대는, 걱정과 두려움으로 가득 차 있구나. 내일의 양식을 어디에 가서 구해야 할지 막막해 하고, 다음 주에 지불할 집세를 걱정하고

있구나.

오래 전에 그대에게 주어졌던 '산상설교'를 다시 되풀이하노니, 잘 들어라.

"그러므로 내가 너희에게 말한다. 목숨을 부지하려고 무엇을 먹을까 또는 무엇을 마실까 걱정하지 말고, 몸을 보호하려고 무엇을 입을까 걱정하지 말라."

"목숨이 음식보다 소중하지 아니하냐? 몸이 옷보다 소중하지 아니하냐?"

"공중의 새들을 보아라. 씨를 뿌리지도 않고, 거두지도 않고, 곳간에 모아 들이지도 않으나, 너희의 하늘 아버지께서 그것들을 먹이신다. 너희는 새보다 귀하지 않느냐?"

"너희 가운데서 누가, 걱정한다고 해서 , 제 수명을 한 순간인들 늘일 수 있느냐?"

"어찌하여 너희는 옷 걱정을 하느냐? 들의 백합꽃이 어떻게 자라는가 살펴보아라. 수고도 하지 않고, 길쌈도 하지 않는다. 그러나 내가 너희에게 말한다. 온갖 영화를 누린 솔로몬도 이 꽃 하나만큼 차려 입지 못하였다."

"믿음이 적은 사람들아, 오늘 있다가 내일 아궁이에 던져질 들풀도, 하나님께서 이와 같이 입히시거늘, 하물며 너희들을 입히시지 않겠느냐?"

"그러므로 무엇을 먹을까, 무엇을 마실까, 무엇을 입을까, 걱정하지 말라."

"(이 모든 것은 이방 사람들이 구하는 것이요,) 너희의 하늘 아버지께서는 이 모든 것이 너희에게 필요하다는 것을 아신다."

"너희는 먼저 하나님의 나라(하나님의 의식)와 그의 의를 구하여라. 그리하면 이 모든 것을 너희에게 더하여 주실 것이다."

"그러므로 내일 일을 걱정하지 말라. 내일의 걱정은 내일이 맡아서 할 것이다."

"한 날의 괴로움은 그 날로 족하다."

그대 자신을 '나'에게 바치고, '나의 제자'임을 자처하는 그대에게 말하노니, 이보다 더 명확한 '명령'이 필요한가? 이보다 더 명확한 '약속'이 필요한가?

들으라!

나는 언제나 모든 것을 다 공급해 주지 않았는가? 내가 적시에 나타나서 도움의 손길을 내뻗어 주는 것 이외에, 필요한 다른 무엇이라도 있단 말인가? 사방이 온통 어둠뿐인데도 내가 빛을 가져오지 않았던 적이 있었는가?

그대가 지금 알고 있는 것들에 비추어, 그 시각으로, 그대의 삶을 돌아보라. 그보다 더 나은 방법으로 여기까지 올 수가 있었을까? 그대는 자신의 '영적인' 눈뜸을, 지상의 다른 보물과 바꿀 수가 있는가? 그대가 지금껏 내내 '내' 말을 듣기를 거부하고 저항했는데도 불구하고, '나'는 그 모든 것을 하지 않았는가?

오, 나의 아이여, 그대는 아직 알아차리지 못했는가? 돈이나 집이나 의복이나 의식이나 그 모든 소유물들은 단지 부차적인 것들이어서, 그대의 '진정한 생명'과는 아무런 관련이 없다는 것을. 그대가 '나'를 한쪽으로 치워 놓고는, 그것들을 그렇게도 중요하게 생각했기 때문에 그것이 진짜처럼 되어 버린 것뿐이란 것을.

세상적인 것들을 빼앗기는 것이 '진리'를 배우는 데에 보탬이 된다면, 나는 그렇게 되도록 허락한다. 생명에 있어서 유일하게 중요한 것은 '참자아'라는 것을, 그대가 진실로 '나'를 사랑한다면 '나'를 으뜸가는 자리에 놓아야 한다는 것을 배우기 위해서라면, 무엇이든 허락한다. 진정하고 영원한 행복과 번영이 그대의 것이 될 수 있도록.

이것은 그대에게도 그대로 적용된다. 나의 아이야, 건강을 잃고, 용기를 잃고, 그대의 자아를 유지하는 모든 것을 잃은 그대는, 여러 해 동안 세상의 훌륭한 의사들, 신통한 약을 찾아 헤매다가, 나중에는 뭔가 그럴듯한 가르침과 처방을 따르게 된다. 그리하여 마침내는, 희미한 희망에 매달려 '나'에게로 돌아서게 되는 것이다.

나의 작은 자여, 알라, 그대 또한 모든 것을 '나'에게 맡겨야 한다. 그대를 치유할 수 있는 유일한 의사인 '나'에게 모든 것을 온전히 내맡겨야 한다. 왜냐하면 '나'는 그대 안에 있는 '전능한 생명'이기 때문이다. '나'는 그대의 '건강'이요, 그대의 '힘'이요, 그대의 '활력'이다. 그대가 내면에서 '나'를 느낄 수 있을 때, '나'야말로 그대에게 이 모든 것임을 알 수 있을 때에야 비로소, 진정하고도 영원한 '건강'이 그대의 것이 되리라.

나의 아이야, 가까이 오라. 이제 그대에게 건강과 번영과 행복과 하나 됨과 평화를 얻을 수 있는 비결을 일러줄 터인즉.

다음의 말씀 속에는, '위대한 비밀'이 감추어져 있다. 그것을 발견할 기회를 얻은 그대에게 진정 축복 있으라!

고요히 있으라, 그리고 내가 곧 신임을 알라!

'진정한 나'는 그대 안에 있음을 알라. '나'는 곧 그대임을 알라. '나'는 곧 그대의 '생명'임을 알라. 이 '생명' 안에는 모든 '지혜', 모든 '사랑'이 다 갖추어져 있음을 알라. 그 모든 것이 '이제' 그대의 전 존재를 통하여 자유롭게 흐르고 있다.

'나'는 모든 물질 안에 있는 '생명'이요, '지성'이요, '힘'이다. 그대 몸의 모든 세포들 안에도 있고, 모든 광물, 식물, 동물의 세포들 안에도 있다. 불이나 물이나 공기 안에도 있다. 태양과 달과 별들 안에도 있다. '나'는 그대 안에 있는 것이고, 존재하는 모든 것 안에도 있다. 그 모든 것들의 의식은 '그대의 의식'과 더불어 '하나'이다. '만물'은 '나의 의식'이다. 그들 안에 있는

'나의 의식'을 통하여, 그대가 요구하기만 한다면, 그들이 가진 모든 것, 그들의 전 존재가 그대의 것이다.

그들에게 '나의 이름'으로 선포하라.

'나'와 더불어 '하나'인 그대의 '의식'으로, 선포하라.

그대 안에 있는 '내 권능의 의식'으로, 그들 안에 있는 '내 지성의 의식'으로 선포하라.

이 의식으로, 그대가 원하고자 하는 바를 '말하고 선포하라'. 그러면, '온 우주'가 그 말에 복종하기 위해 다시 배치되리라.

일어나라! 오, '나'와 하나 되려는 뜻을 품은 자여, 이제 그대의 '신성한 유산'을 받아들이라! 그대의 '영혼'을 활짝 열어라. 그대의 마음을, 그대의 몸을 활짝 열어라. 그리고 '생명의 내 숨결'로 호흡하라.

'나'는 그대에게 '나의 신성한 권능'을 넘치도록 채워 주고 있다는 것을 알라. 그대 존재의 모든 섬유조직, 모든 신경, 모든 세포, 모든 원자들이 깨어나서, 이제 '나'와 함께 살고 있다. '나의 건강'과 함께, '나의 힘'과 함께, '나의 지성'과 함께, '나의 현존'과 함께!

왜냐하면, '나'는 그대 안에 있기 때문이다. 우리는 분리되어 있지 않다. 우리는 분리될 수 없다. 왜냐하면 '나'는 곧 '그대'이기 때문이다. '나'는 그대의 '진정한 자아'요, 그대의 '진정한 생명'이다. '나'는 '나 자신'을, '나의 모든 힘'을, 그대 안에 '지금' 구현하고 있다.

깨어라! 일어나서, 그대의 '주인 됨'을 선언하라! 그대의 '참나'를 알라. 그대의 '진정한 힘'을 알라. 내가 가진 모든 것이 그대의 것임을 알라. '나의 전능한 생명'이 그대를 통하여 흐르고 있음을 알라. 그대는 '그것'을 차지할 수 있고, '그것'으로 그대가 원하는 바를 다 지을 수 있다. '그것'은 그대를 위하여, '건강'으로, '힘'으로, '번영'으로, '하나 됨'으로, '행복'으로, '평화'로 나타난다. 그대가 '내게' 바라는 것은 무엇이든지 다 이루어 준다.

이것을 상상하라. 그것을 '생각하라'. 그것을 '알라'! 그대의 본성 안에 있는 '긍정적인' 확신으로, '창조의 말씀'을 선포하라. 공허한 메아리만 돌아오는 경우는 결코 없으리라.

그러나 사랑하는 자여, 알라. 그대가 '나'에게로 와서, 온전히 모든 것을 다 내맡길 때까지는, 이런 일이 이루어질 수 없다. 그대의 자아를, 그대가 가진 것들을, 그대가 겪는 사건들을, 그대의 '생명'을, '나'에게 온전히 맡길 때까지는. 그래서 모든 걱정을 다 나에게 맡기고, 책임까지도 다 나에게 미루고 '나'를 믿고, '내 안에서' 절대적인 안식을 구하기 전까지는.

그대가 이 모든 것을 이루었을 때, 천상의 '말씀들'은 그대 영혼 안에 잠재된 '나의 신성한 힘'을 깨울 것이고, 그리하여 그대는 내면에 있는 '권능의 힘'을 의식하게 될 것이다. 그 '권능의 힘'은 그대가 '내 안에' 사는 그만큼, '나의 말씀들'이 그대 안에서 사는 그만큼, 그대를 '꿈의 세계'에서 자유롭게 풀어 놓아 주리라. 그대의 영혼을 깨어나게 할 것이고, 그대를 깨끗하게 해줄 것이며, 그대가 원하는 모든 것을 다 주리라. 그리하여 그대를 모든 고통과 괴로움에서 해방시켜 주리라. 그때는 의심이나 의문이 더 이상 없을 것이다. 왜냐하면 그대는 그대의 '참자아'인 '내'가 모든 것을 다 공급한다는 것을, 언제나 길을 가리켜 보여준다는 것을 알 것이기에. '그대와 나는 하나'임을 알았을 것이기에.

18. 하나됨의 길
UNION

내가 그대를 통하여 '초자아적 이데아'를 자유롭고도 충분하게 표현할 수 있도록, 그대 자신을 '나'에게 바치겠다고 결심한 그대에게, '나'에게 그대의 온 '생명'을 다 바쳐도 좋다고 마음을 굳힌 그대에게, 그리하여 에고가 빚어내는 모든 생각과 희망, 목표를 한쪽으로 치워 놓은 그대에게 말하노니, 명심하고 새겨들으라.

나는 그대 삶의 모든 경험을 통하여 그대를 여기까지 이끌어 왔다. 그대가 만약 '나'를 섬길 준비가 되어 있고 기꺼이 그렇게 하고자 한다면, 그래서 그대 스스로는 아무것도 알지 못하고, 아무것도 할 수 없다는 것을 알게 되었다면, 그대의 지성과 그대의 힘과 그대의 실체라는 것들은 사실은 '나의 것'임을 알게 되었다면, 그래서 그대의 모든 생각을 지시하는 것은 바로 '나'이며, 그대가 하는 모든 일도 사실은 '내가' 하는 것임을 알게 되었다면, 그때에야 비로소 그대는 '나의 말씀'의 의미를 이해할 수 있고,

거기에 복종할 준비를 잘 갖춘 셈이 된다.

경험을 통해 그대를 여기까지 이끌어 온 것은, 이제 그대에게 가르쳐 주려는 것들을 위해서이다. 그러나 그대가 준비가 되어 있고, 그럴 만한 가치가 있는 존재라면, '나'와 함께 깨어 있는 마음으로 공부하지 않으면 안 된다. 새로운 경험을 기다리는 기쁜 마음으로, 그러나 고요히 가라앉은 마음으로. 하나하나가 '나의 뜻'을 드러내는 경이로운 표현임을 미리 알아두어라. 나는 '내 뜻'을 그대에게 명확하게 보여줄 것이고, 그럼으로써 그대는 사랑과 친밀함 속에서 점점 더 '나'와 하나 되어 감을 느낄 수 있을 것이다.

그리되면, 모든 경험은 시험이나 재판이 아니요, 앞선 행위에 대한 카르마적 결과도 아니게 되리라. 모두가 다 축복이 되리라. 왜냐하면 그 경험들 하나하나를 통하여, 나는 그대 자신의 '진정하고도 경이로운 참자아'에 대한 비전을, '나의 실재'에 대한 영광의 비전을 그대에게 보여줄 것이기에. 그리하여 그대는 과거의 낡은 욕망을 더 이상 따르지 않게 될 것이고, 오직 '내가' 바라는 바를 알고자 하여, '나'를 기쁘게 하는 일에만 몰두하게 되리라.

여러 가지 새로운 변화가 닥쳐오리라. 행위에 있어서도, 되어 가는 대로 묵묵히 지켜보는 일이 늘어가고, 무엇을 해야만 하는지 그대 스스로를 닦달하는 일도 없어져서, 그것이 곧 내가 요구하는 일이라는 것을 알아채고서 무엇이든 그대 앞에 주어진 일을 잠자

코 하게 되리라. 그렇게 그대 안에 있는 '초자아적인' 부분을 살림으로써, 언제나 '나'를 기쁘게 하려고 애쓸 것이다. 그렇게 거기에만 초점을 맞춤으로써, 그대는 '나의 의지'를 더 빨리 실현시키게 된다.

그대의 일 속에서조차도, 그대는 거기 내가 있다는 것을 알게 될 것이다. 사실, 어떠한 일이든, 그대에게 그런 일감을 가져오는 것은 바로 '나'다. 그대를 성공한 사람이나 실패한 사람으로 만들기 위해서가 아니다. 개미처럼 일하게 하기 위해서도 아니다. 자손을 위해서 부를 쌓도록 하기 위해서도 아니다. 그대가 가진 모든 것을 잃게 하기 위함도 아니요, 무엇을 축적하게 하기 위함도 아니다. 성공이나 실패를 통해서, 혹은 의욕 부족이나 능력 부족을 절감함으로써, 그대의 내면에 자리하는 '초자아적인 하나'인 '나'를, 어서 빨리 깨우치도록 그대의 가슴을 재촉하기 위함이다. 나는, 그대가 하는 이 모든 것들에 영감을 불어넣고, 일일이 감독한다. 그대가 깨어 있는 마음으로 '진정한' 성공의 대열에 끼일 수 있기를 기다리면서. 그대를 위해 내가 비축해 둔 '참다운 부'를 받아들이기를 기다리면서.

그대는 그때 배우게 되리라. 그대의 일이나 노동이나 삶의 조건이란 것은, 단지 스쳐 지나가는 부차적인 것임을. 최선이라고 여기는 그런 경험들을 통하여 그대를 이러한 깨달음으로 데려다주기 위해, '내가' 선택하고 사용하는 외부적인 탈것일 뿐이라는 것을. 최선이라고 여기는 그런 경험들을 통하여 그대를 이러한 깨달음으로 데려다 주기 위해, '내가' 선택하고 사용하는 외부적인 탈것일 뿐이라는 것을. 또한 그와 동시에, 지금은 불완전하게 표현되고 있는 그대 안의 '영혼의' 자질들을 일깨우기 위한 도구일 뿐이라는 것을.

그대가 '나'를 알 수만 있다면! 그대가 사무실에 가거나 가게에 가거나 무슨 일을 하든, 언제나 그대와 함께 동행하는 '나'를 알아볼 수만 있다면! 언제나 그대 가슴 속에서 살고 있는 '나'를. 그래서 그대의 일과 그대의 모든 삶이 방향을 '내가' 가리켜 보일 수 있도록 허락하기만 한다면! 진실로 그대에게 말하노니, 그대가 이를 허락하기만 한다면, 그대는 즉각 내면에서 솟구치는 새로운 '힘'을 느끼게 되리라. 부드럽고도 친절한 동정심, 진실한 형제애, 만나는 모든 이들을 향한 사랑에 넘치는 마음이 그대에게 흘러나와서, 더 높은 차원에서 일하고 사랑할 수 있도록 그들에게 영감을 불어넣어 줄 것이고, 그들로 하여금 자신들도 그런 좋은 영향을 끼치는 사람이 되고 싶다는 열망을 불러일으켜 주리라. 그 '힘'이야말로 일을, 돈을, 친구들을, 풍요로움을, 그대에게로 끌어당겨 줄 것이다. 그 '힘'이야말로 지고한 생각들을 그대에게로 이끌어 와서, 그대로 하여금 삶의 매 순간마다 '나의 초자아적인 힘과 속성들'을 선연하게 보여주게 하고, 깨어 있는 마음으로 구현하게 해주리라.

그대는 '나'를 발견하고 '나'를 예배하기 위해서라면, 더 이상 교회나 종교적인 모임에 나갈 필요성을 느끼지 않게 될 것이다.

'내가 계시되어 있다는' 책이나 가르침도 읽을 필요성을 느끼지 않게 될 것이다.

대신, 그대는 내면으로 눈길을 돌려 언제나 거기에서 '나'를 만날 것이다. '나'와 하나 되는 기쁨과 '나'를 섬기는 즐거움으로 가득 채워져서, '내 목소리'를 듣고 거기에 복종하는 것 외에는 아무것에도 관심을 두지 않게 되리라. '나의 부드러운 사랑'의 따스함에 전율을 느끼게 되리라. 그 사랑은 그대가 어디를 가든, 어떠한 일을 하든, 그대를 채워 주고, 길을 예비해 주고, 그대 주변의 모든 것을 부드럽게 감싸 주리라.

내가 어디로 그대를 보내든, 나는 그대를 높이 들어올려 쓸 것이다. 그대가 속한 공동체에서 효모 같은 역할을 하게 하리라. 모든 이들을 '나'에게로 이끌어, '나의 축복'을 받게 하리라. 이 모든 일이 그대를 통해 이루어지겠지만, 그대는 이제 그대의 개성을 내세우지 않고 '나의 신성한 초자아성'만을 앞세울 것이기에, 그들은 그대를 잊고 오직 '나'만을 바라보게 될 것이고, 그들 자신의 가슴 속에서 '나의 현존'을 느끼게 되리라. 하여 그들은 인생을 바라보는 새로운 안목으로, 새로워진 목적을 향해 나아가리라.

그대의 집안에서도, 나는 그대와 함께할 것이다. 그대와 가장 가까운 가족들을 통하여, 나는 그대에게 많은 놀라운 것들을 가르칠 것이다. 가족 중의 누군가가 진리에 격렬히 저항하는 모습을 보일 때조차도, 그대는 이제 그것을 이해할 수가 있게 된다. 남편과 아내, 아이들과 형제자매들, 부모를 통해 나는 그대 안에 잠재되어 있는 위대한 자질을 계발할 것이다. 인내, 관대함, 참고 견딤, 말을 다스리는 기술, 사랑에 넘치는 친절, 진정한 헌신, 가슴의 소리를 알아듣는 법을 배우게 될 것이다. 왜냐하면 내가 그대의 가슴 속에 있는 것과 마찬가지로, 그들의 가슴 속 깊은 곳에도 '내가' 있다는 것을, 나는 그대로 하여금 깨닫게 할 것이기 때문이다.

이제 그대는 이를 깊이 음미하고, 거기에서 유익함을 얻을 수 있을 것이다. 그대가 진실로 이 위대한 진리를 이해할 때, 그대는 형제나 아내, 부모나 자녀 속에서 '나'를 볼 수 있으리라. 그들이 말할 때면 사랑스럽고 기쁨에 넘치는 눈으로 바라보라고 그대에게 호소하는 '나'를 볼 수 있으리라. 그들의 잘못인 것처럼 여겨지는 것들을 보고도 그들을 나무라는 대신, 내면에 있는 '나'에게로, '초자아적인 하나'에게로 고개를 돌릴 것이다. 그러면 그대 '내면의 자아'는 그대를 통하여 사랑에 넘치는 친절하고 점잖은 말을 할 것이고, 그 말은 즉각 다른 이의 가슴을 부드럽게 쓰다듬어 주어, 마음을 하나로 모아 주고, 예전보다 더 친밀하게 만들어 주리라. 왜냐하면 각자의 가슴 속에 있는 '진정한 나'는 '하나'이며, 그렇게 부름을 받을 때면 언제나 화답하기 때문이다.

그렇다, 그대가 그것을 알기만 한다면, 그대의 가장 위대한 학교, 가장 위대한 교사는 그대의 집 난로 가까이에, 그대 자신의 집안에 있다. 깨어 있는 마음으로 이를 알고, '나'에게, '내면의 초자아적인 하나'에게 가르침을 허용하는 이들에게는, 많은 것들이, 아주 많은 것들이 예비되어 있다.

나는 그대의 가장 가까운 사람들의 입을 통하여 그대에게 많은 것을 가르칠 뿐만 아니라, 그대를 통하여 다른 이들에게도 많은 것을 가르칠 것이다. 그러나 그대의 가르침에는 이런 차이가 있을 것이다. 그대가 '나'를 알고 '나'와 '내 지혜'를 '초자아적으로' 믿고 있다면, 그대는 '내가' 그대의 말에 영감을 불어넣고 그대의 행동에 권능을 부여하도록 허용할 것이다. 그러면 그대는 다른 이들이나 그대 자신에게 미칠 결과에 대해서는 아무런 걱정도 하지 않고, 모든 책임을 '나'에게로 돌릴 수가 있으리라.

그대가 이렇게 할 수 있을 때, 그대의 개성과 그대가 사랑하는 사람들의 개성에는 놀라운 변화가 찾아올 것이다. 그리하여 그대는 개성을 입고 있는 그들의 뒤에서 '내가', 그대의 '초자아적인 자아'가, 그들의 눈 속에서 밝게 빛나고 있는 것을 볼 수 있으리라.

그대가 그렇게 '나'를 볼 수 있을 때, 하늘이 그대에게 열릴 것이다. 그대는 자신의 형제 안에서 더 이상 흠집을 보지 않게 될 것이고, 그대 주변에서 불협화음을 듣지 않게 될 것이며, 다른 어떤 동료에게서도 무관심과 불친절을 느끼지 않게 되리라. 왜냐하면 그대는, 다른 이의 내면에도 있는 '초자아적인 하나'인 '나'는, 모든 완전함의 원천이요, 모든 조화로움의 원천이요, 모든 사랑과 친절의 원천임을 알 것이기 때문에. 슬그머니 옆으로 비켜서서는, 개성을 입은 그 사람이 알아차리기를 기다리고 있는, 그의 '진정한 나'를 그대는 볼 수 있을 것이기 때문에. 결국 그 사람의 내면에 있는 '진정한 나' 또한, '내 신성의 이데아'라는 영광의 광휘 속에서, '나의 빛'을 밝게 비추어 줄 것이므로.

그때 그대는 알 것이다. 내가 그대를 그 안으로 들여놓은 모든 환경이, 그대가 '나'를 섬기는 데에 더없이 좋은 최선의 장소라는 것을. 어디를 가나, 어떠한 환경에서든, 할 일은 아주 아주 많다는 것을. 그들의 개성에 흠집을 가지고 있으면 있을수록, '나의 살아 있는 현존'은 더욱더 필요해질 것이므로.

그러한 깨우침이 온다면, 그대가 어디를 가든, 무슨 일로 자기 수련을 하든, 사업을 하든, 힘든 육체 노동을 하든, 교회에서든, 심지어 암흑가에서든, 그대가 봉사할 수 있는 최적의 기회는 어디에나 널려 있다. 왜냐하면 거기에서 그대는 무엇이 최선의 방법이고 길인지를 알 것이기 때문에. 이젠 '그대의 다른 자아들'이기도 한 '나의 다른 자아들'이, 바깥에서 오는 아무런 자극도 없이, 내면에 있는 '나의 현존'을 알아차리기란 얼마나 어려운 일인가를, 그대는 이미 잘 알고 있기 때문에.

무한한 사랑을 받은 그대는 이젠 누군가에게 그것을 주어야 한다. 누군가에게 부추김을 받은 그대는 이젠 누군가를 자극하는 사람이 되어야 한다. '나의 살아 있는 현존'을 일터로, 사무실로, 노동 현장으로, 암흑가로 데려가야 한다. 슬퍼하는 자의 문을 두드리고, 병든 자의 가슴을 어루만져 주어야 한다. '나의 빛'을, 병든 자를 치유하는 '내 사랑'을 퍼부어 주어야 한다. 그대는 반죽 속에 들어가 전체를 발효시키는 효모가 되어 주어야 한다. 이런 조건이 무르익게 되면, 이미 깨어난 그대는 아직 어둠 속에서 헤매는 이들에게 '나의 영감'을, '나의 축복'을, '나의 힘'을 실어 나르는 도구가 되어 주어야 한다. 그들이 떨치고 일어나 세상적인 것들을 내던지고, 내면을 울리는 '내 목소리'에 귀 기울일 수 있도록. 그리하여 주변의 것들에 지배당하는 노예가 아닌, 어엿하고 당당한 주인이 될 수 있도록.

도망친다고 해서 삶의 환경이 바뀌지는 않는다. 도피한다는 것은 고양될 수 있는 기회를 잃어버리는 것이다. 신성과의 맞닿음이란 누구에게나 필요한 일이며, 누군가가 불을 당기는 역할을 해주어야 한다. 그것은 오직, 안내자이며 해석자인 '나'와 더불어 인간 경험의 깊이와 높이를 다 맛본 자만이 할 수 있는 일이다.

이 글을 읽으며 그 '영혼'으로 이해하는 그대에게 축복이 있을진저, 그대 앞에는 많은 일들이 기다리고 있음이다.

그러나 알음알이로 구름을 만들어 스스로 '빛'을 가림으로써, 아직도 개성을 벗어 던지지 못하고 두려움 속에서 망설이고 주저하고 있는 그대 역시, 머잖아 '내 축복'의 대열에 끼이게 될 것이다. 내가 그대를 위해 신속하게 기쁨을 예비할 것이므로.

이 글을 이해한 그대나 아직 두려워하는 그대나, '나'는 그대들을 통하여 '나의 의지'를 지금도 나타내고 있다는 것을 알도록 하라. '모든 의지'는 결국 '나의 의지'라는 것을 알아차릴 날이 꼭 오리라. 그대가 '의지'로서 품는 모든 일은 반드시 실현되리라. 그리하여 그대는 '나로부터 분리되었다는 꿈'에서 깨어나, 그대의 '유일하고도 진정한 자아'인 '나'를 알게 되리라.

그대가 그대 삶 속의 모든 것을, 자기 자신마저도 전적으로 나에게 바치기 전까지는, 이런 일이 일어나지 않을 것이다. 그대의 행동이나 말 속에는, 다른 이들로부터 끌어들인 조화스럽지 않는 생각이나 느낌이 조금도 남아 있어서는 안 된다.

그때 그대가 가는 길은 온통 축복의 마당이 될 것이다. 그대가 가는 곳곳마다 '나의 빛'이 밝게 비추고, '나의 사랑'이 그대 주변을 비추어, 평화를, 조화를, 일치를 창조할 것이다. 그대가 그들의 삶 속에 나타났다는 이유만으로, 모든 이들이 더 좋아지고 더 행복해지는 놀라운 일이 일어나리라. 그대가 그것을 이해하게 되면, 전혀 놀라운 일이 아니라 자연스러운 일이 되겠지만.

그대가 만나는 이들마다 더 좋아지고 더 행복해지는 경이로운 일이 어떻게 일어날 수 있을까? 그들의 육신 속에도 여전히 있는 '나'는, '초자아적' 표현의 진정한 통로를 그대 안에서 발견하고는, '나의 초자아적 생명'의 성스러움과 영광스러움을 그대에게서 느낄 것이기 때문이다. 그대를 만나고 있는, 개성의 옷을 덧입은 존재가 그것을 비록 의식하지는 못한다고 해도.

■ 저자의 기도문

사랑의 신이시여, 당신은 모든 것의 공급자이시고 무한한 원천
이시니, 만사에 저는 부족함을 모릅니다.

당신이 저에게 주신 저의 생명과 저의 모든 것을 당신께 바칠
것을 맹세하노니, 오직 당신만을 위해서, 당신의 안내에 귀 기울이
려고 합니다.

당신이 저에게 말씀하실 때, 당신의 뜻과 의지를 알 수 있는
지혜를 허락하십시오. 당신만이 무한한 공급의 원천임을 의심치
않도록, 저에게 힘과 용기를 더하여 주소서.

1916. 9.13

사랑의 아버지,

당신은 〈내 안의 나〉를 세상에 전하고자 하는 커다란 소망을
제 가슴에 심어 주셨습니다. 저는 이것이 당신의 소망임, 말씀을
전할 도구로서 저를 선택했음을, 그리하여 당신의 뜻을 세상에
펴실 것임을 잘 알고 있습니다.

그러니 이제, 이러한 소망이 세상에 나타나는 것을 방해하는

요소가 저에게 있다면 그것을 제거해 주소서. 그리고 나 자신뿐만 아니라 수백만에 달하는 내 벗들에게도, '나를 뛰어넘은 나'를 사는 길을 보여줄 수 있도록, 그 길을 완벽하게 표현할 수 있도록, 필요한 모든 수단을 저에게 허락하소서. 당신이 이미 저에게 보여주셨듯이.

당신은 새로운 삶의 방법을 세상에 펼 대리인으로서 저를 선택해 주셨습니다. 그러니 제가 하루빨리 그 길을 펼쳐 보여줄 수 있도록 저를 인도하여 주시고, 당신의 성스러운 일에 최대의 응답을 할 수 있도록 하여 주소서.

이 모든 것은 당신의 성스러운 일이며, 당신의 이상이며, 당신의 소망입니다. 오 신이시여, 당신의 뜻이 저를 통해 하루 빨리 세상에 전해지도록 하소서. 그리하여 당신의 의지가, 하늘에서와 같이 땅에서도 이루어지게 하소서

1917. 5. 17.

조셉 S. 베너

신성한 기쁨의 책

웃고 울고 찡그리고 분노하며 무엇인가를 향해 손을 뻗치며 달려갈 줄만 아는 우리의 발걸음을 문득문득 멈춰 세우는 목소리가 있다. "그게 아니야"라고 속삭이는 은밀한 그 소리에, 우리는 얼마나 귀 기울여 주었을까. 내 겉거죽 살림살이를 더 멋지고 더 풍요롭게 꾸미느라 분주하기만 하여, 대개는 그 소리를 외면하고 만다.

"난 지금 바빠. 너에게 귀 기울일 시간이 없어."

내면의 그 소리는 너무나 관대하여, 우리가 귀 기울여 듣지 않으면 아무런 원망도 없이, 보챔도 없이, 그냥 그대로 지나쳐 버린다. 내면의 소리는, 그 자리에서 당장 나무라는 법이 없다. 너무나 나직하고 은밀한 목소리여서, 우리는 거기에 담긴 깊이와 심오함과 통찰력을 보살필 겨를도 없이 그냥 넘겨버리곤 한다.

아무런 강제함이 없는 목소리, 그 내밀한 목소리가 가리키는 방향이 옳았다는 것을 인정하는 데에는 한 세월이 걸릴 수도 있다. 우리 자신을 한껏 내다 판 다음에야, 넘어지고 다치고 삶의 쓴맛 단맛을 다 겪어 본 다음에야, 그때에야 "아, 그 소리가 맞았어. 왜 난 그때 그 목소리에 귀 기울이지 않았을까." 하고 후회하게 된다.

이런 일은 그러나 한 번으로 끝나지 않는다. 겉거죽에 대한 우리의 사랑은 강렬하고 뜨겁고 끈질겨서, 시행착오를 되풀이 겪어야만 한다. 삶 자체가 그런 시행착오의 연속인지도 모르고, 그런 시행착오의 삶을 수천 수만 번 계속해 왔는지도 모른다.

그럼에도 조금씩 조금씩 우리는 그 소리에 귀 기울이는 법을 배운다. 한 걸음씩 그 소리의 원천을 향해, 나선형 계단을 내려간다 (혹은 올라간다). 내 안에 있는 나, 나의 참자아가 사는 곳을 향해서.

참자아를 향해 열려 있는 나선형 계단은, 언제나 전진만 하도록 설계되어 있지 않다. 2보 전진을 위한 1보 후퇴도 있을 수 있고, 열 단계의 도약을 위한 대여섯 계단의 후퇴도 있을 수 있다. 여기가 최종적인 도달점이 아닌가 싶어 거기에서 안식하려 하지만, 아직도 끝이 아니라는 것이 곧이어 밝혀진다.

참자아의 계단에서 우리의 발걸음을 더디게 하거나 멈추게 하는 가장 큰 장애물은, 우리의 '개성'이다. 내가 나라고 생각하는 겉거죽의 나, 속사람이 아닌 겉사람. 언뜻 이분법적인 구분 같지만, 알맹이는 그렇게 간단치가 않다. 양파 껍질처럼 여러 겹의 층이 있어서, 가장 겉거죽의 껍질에서 놀던 사람에게는 한 겹의 껍질 안쪽조차 속살로 여겨질 것이기 때문이다.

우리가 뒤집어쓰고 있는 개성의 껍질은 두껍고 질기고 여러 겹으로 되어 있어서, 최후의 벌거벗음을 가장 수치스럽게 여기기에, 어떻게든지 자신을 보호하려 든다. 여기까지가 나의 최후라고 위장함으로써 더 이상의 벌거벗음을 용인하려 들지 않는다. 정직과 용기라는 무기로 한 꺼풀을 벗기고 나면, 드러난 그 다음 껍질은 곧장 살아남기 위한 작전을 펼치기 시작한다. 그럼으로써 참자아로 가는 우리의 길을 더디게 만든다.

'개성'이라 불릴 수 있는 여러 겹의 껍질 안쪽에서, '참자아'는 언제나 우리가 돌아오기를 기다린다. 참자아가 사는 그곳은 고요한 공간이고, 그러면서도 역동적으로 살아 있는 공간이다. 그곳에서는, 눈뜨고도 자고 있는 겉거죽의 나를 깨우기 위한 풍경 소리가, 언제나 울려 퍼지고 있다. 그래서 모든 움직거림과 생각을 멈추고 귀 기울이기만 하면, 우리는 언제나 우리를 부르는 그 소리를 들을 수 있다.

'내면의 참자아'는 우리를 거절하는 법이 없다. 우리가 원할 때는 언제든지 문을 열어 준다. 그에게 가서 안기더라도 그는 결코 배신의 쓰라림이나 상처를 안겨주지 않는다. 언제나 한결같이 '나의 벗', '나의 연인', '나의 스승'이 되어 준다. 돌아서는 것은 언제나 내쪽이지 그쪽이 아니다.

길이 끝나는 곳에서는 언제나 그가 기다리고 있다. 내 사랑의 크기만큼 문을 열어 놓고, 자신을 열어 주기 위해 기다리고 있다. 바깥에서의 끄달림에 못 이겨 우리가 돌아서더라도 그는 그런 우리를 말없이 묵인하고, 더 커진 사랑의 크기로 돌아오기를 기다린다. 그렇게 우리는 '참자아의 품 안에서' 자라고 성장해 간다.

이 책은 내밀한 그 공간으로의 초대장이다. ('내면의 빛'이라 부르든, '내면의 신성'이나 '불성'이라 부르든, 이름이야 상관없다.) 바깥에서 찾고 구하기에 지친 우리를 더없이 큰 사랑으로 안아 주면서도 우리 영혼의 키를 한껏 키워 주는 '상승'의 책이다. '내 안의 참자아'가 무엇인지, 행간과 행간 사이에서 우리를 멈추게 하고, 사색하게 하는 아름다운 책이다. '나는 내가 생각하는 내가 아니라', 훨씬 더 크고 더 밝은 존재임을 깨우치게 해주는 책이다.

20세기 초반에 씌어지기 시작한 이 책의 메시지가, '내 안의 참자아'로 위장한 겉껍질의 말이 아니라는 것은, 책 전체를 뚫고 흐르는 진정성에 참여한 독자라면 누구나 고개를 끄덕일 것이다. 더구나 뉴에이지와 신과학적 사고방식에 이미 접어들어 있는 독자라면, 시대를 훨씬 앞질러 갔던 저자의 깊이 있는 통찰력과 예감에 놀라지 않을 수 없을 것이다.

독자 스스로가 즐겨야 할 사랑의 몫을 축내기라도 할까 봐 우려되는 바 없지 않지만, 굳이 한 가지 사례를 들자면, '전생 신드롬'에 대한 저자의 견해를 들 수 있을 것이다. 저자는 '삶과 삶을 끝없이 접붙여 놓고는, 그런 견해로 유익함을 얻고자 마음을 분주하게 할' 필요가 어디 있겠느냐고 반문한다. 삶이 영원히 계속된다는 것은 진리이겠지만, 삶의 영속성을 바라는 본능의 '위안 도구'로 사용되어서는 안 되며, 그러한 윤회적인 삶 또한 별도의 개성이 있어서 주관하는 것이 아니라, '신성'의 손바닥 안에서 이루어지는 일이 아니냐는 것이다. 그러니 우리가 진정 돌아가야 할 영원한 안식처는 '신성'으로서의 '참자아'뿐이라는 것이다.

'개성'을 살찌우고 거기에 무언가를 덧붙이고자 애쓰는 노예적인 삶에서 벗어나, '내 안에 깃든 신성'의 주인이 될 것을, 그리하여 우리가 잃어버린 '삶의 창조자'로서의 위치를 되찾을 것을 촉구하는 이 책 속의 목소리는, 시대를 건너뛰어 세계 여러 나라에서 사랑을 받아 왔다. 이 책의 내용을 공부하고 명상하는 스터디 그룹이 만들어져 왔고, 그 흐름은 최근 들어 오히려 가속화되고 있다. 한 시대가 가면 또 한 시대가 오지만, 영원한 진리는 그 생명력이 다함이 없음을 보여주는 사례라고 여겨진다.

부피가 두껍지 않으면서도 삶 전체를 궁구하게 하고, 그 지향점을 뚜렷이 가리켜 보이고 있기에, 수많은 독자들이 성경이나 불경처럼 늘 곁에 두고 참고하는 책으로 정평이 나 있다. 어떠한 종교에 소속되어 있든, 궁극적인 진리에 가까이 다가가고 싶은 염원을 지닌 독자라면, 그 모든 교리와 자신의 신앙 체계를 풀어헤쳐 놓고, 원점으로 돌아가서 다시 시작한다는 마음으로, 이 책이 말하고 있는 '내면의 목소리'에 귀 기울여 볼 것을 권하고 싶다. 진정한 종교는 그 어떠한 울타리로도 신성을 가두지는 않을 것이므로.

활자가 살아 움직거리는 듯한, 어느 영혼이 지켜보는 듯한, 정수리로 빛이 쏟아져 들어오는 듯한 신성한 기쁨 속에서, 번역이라는 또 하나의 통로 역할이 나에게 주어진 것에 감사의 마음을 품지 않을 수 없었다. 아무쪼록 저자의 내면에서 울렸던 그 목소리가 독자의 가슴 속에서도 다시 살아나기를, 그래서 그 신성한 불꽃이 여기저기로 옮겨다니며 널리널리 사랑의 빛을 전파할 수 있기를!

유영일